L'IRRÉSISTIBLE MONTÉE DE L'ÉCONOMIE SOCIALE

un projet, une culture, des valeurs

MONDE D'AUJOURD'HUI

Direction artistique : Kamy Pakdel
Coordination éditoriale : Jacqueline Vallon
Illustrations : Stéphane Kiehl

L'irrésistible montée de l'économie sociale
Publié par les Éditions Autrement,
77, rue du Faubourg-Saint-Antoine, 75011 Paris.
Tél. : 01 44 73 80 00. Fax : 01 44 73 00 12.

ISSN : 1952-0840 – ISBN : 978-2-7467-0941-6.
Dépôt légal : mars 2007.
Photogravure : Alliage-Solutions, Paris.
Imprimé et broché en France par Clerc S.A., 18206 Saint-Amand-Montrond.

FSC
Sources Mixtes
Produit issu de forêts bien gérées et d'autres sources maîtrisées
www.fsc.org Cert no. SGS-COC-2086
© 1996 Forest Stewardship Council

Ce livre est imprimé sur le papier Arctic the Volume 130 g/m².
Arctic Paper détient le certificat de chain of custody FSC.

L'IRRÉSISTIBLE MONTÉE
DE L'ÉCONOMIE SOCIALE

un projet, une culture, des valeurs

VIRGINIE ROBERT

Cet ouvrage a été publié avec le soutien de l'Avise, de la Diieses, du Crédit coopératif, de la Macif et de la Maif.

ÉDITIONS AUTREMENT / **MONDE** D'AUJOURD'HUI

SOMMAIRE

1 ENTREPRENDRE AUTREMENT

2 UN VIVIER DE CRÉATIONS

3 DES POIDS LOURDS DE L'ÉCONOMIE

4 UNE SOLIDARITÉ AUX FORMES MULTIPLES

1
ENTREPRENDRE AUTREMENT

C'est par leurs valeurs que se définissent les acteurs de l'économie sociale : proximité locale, dessein social, primauté de la personne sur le profit, solidarité, gestion démocratique. Il s'agit d'une aventure collective dont l'objectif est de faire preuve d'inventivité pour trouver des réponses neuves aux questions sociales.

Des valeurs fondatrices

Une alternative au capitalisme

Peu d'entre nous ignorent qui sont Bill Gates, le fondateur de Microsoft, devenu l'homme le plus riche du monde, ou Steve Jobs, celui d'Apple. Les exemples ne manquent pas en effet d'entreprises dont le destin est intimement associé à l'ambition, au travail et à la réussite d'un fondateur. Le succès de ce dernier est d'ailleurs financièrement récompensé par la valeur des actions qu'il détient au capital de sa société.

Nous sommes beaucoup moins familiers d'un autre type d'entreprises : les sociétés de personnes. Dans ce cadre, des hommes et des femmes décident de mettre des ressources en commun pour le service de chacun. Cela concerne les mutuelles, qui organisent la solidarité entre leurs membres face à la maladie ou à l'accident, et les coopératives, qui sont davantage une union de moyens, comme on en trouve beaucoup dans les milieux agricoles.

Leur but n'est pas de faire fructifier un capital mais de répondre à un dessein social en étant solidaire. La recherche du profit maximal tout comme les cotations en Bourse sont très clairement rejetées. Il s'agit, explique Jacques Landriot, P-DG du Groupe Chèque Déjeuner, « de réussir économiquement et d'entreprendre autrement ».

Très connues en France, des sociétés commerciales comme les mutuelles d'assurances et de santé, des coopératives comme les supermarchés Leclerc ou Système U, les opticiens Krys ou Optic 2000, la Camif, les Presses universitaires de France, ou encore le Crédit coopératif ou les Banques populaires sont toutes des entreprises issues de l'économie sociale.

Au service de l'homme

Acteurs économiques au statut particulier, les sociétés de personnes sont en compétition avec les entreprises traditionnelles – ou sociétés de capitaux – et doivent, comme elles, réaliser des bénéfices et être concurrentielles sur le marché.

Mais leurs règles du jeu sont spécifiques : la démocratie est à la base de leur fonctionnement. Un homme vaut une voix. Parce que le capital n'est pas cessible, ces sociétés ne peuvent pas êtres vendues. Si jamais leur activité s'arrête, le capital est transféré à une autre structure de l'économie sociale. C'est la notion d'impartageabilité des réserves. S'il survient une difficulté financière, les sociétaires sont tous solidaires et peuvent voir leur responsabilité engagée. Après la tempête de 1999, par exemple, la Maif a fait un rappel de cotisations auprès de ses adhérents... et n'a eu que deux lettres de contestation ! Mais si l'entreprise se développe, les bénéfices apporteront un avantage supplémentaire au consommateur, à l'adhérent ou au membre de la coopérative.

Pour toutes ces raisons, les sociétés de personnes que sont les coopératives et les mutuelles sont les membres constitutifs de l'économie sociale, au même titre que les associations, les fondations et les organisations d'insertion par l'activité économique. La Macif et la Maif, la Fondation de France, l'association Emmaüs, pour n'en citer que quelques-uns, font partie de cette famille à l'infinie variété de joueurs.

À la croisée de l'économique et du social

C'est donc d'abord par les valeurs qui le caractérisent que l'on saura reconnaître un acteur de l'économie sociale : proximité locale, dessein social, solidarité entre les membres de la société, primauté de l'utilité sociale sur la recherche du profit. Et c'est toujours une aventure collective dont l'ambition est de faire preuve d'inventivité en trouvant de nouvelles réponses aux questions sociales.

On l'aura compris, les personnes engagées dans l'économie sociale sont de nature militante. Parmi les sociétaires de ces entreprises – les adhérents d'une mutuelle ou ceux qui détiennent une part sociale du capital de la société –, certains se sentent souvent un peu « patrons » et ont à cœur aussi bien de développer leur société que de promouvoir les valeurs sur lesquelles elle est fondée. Jacques Vandier, le fondateur de la Macif, n'hésite d'ailleurs pas à expliquer à ses troupes que « c'est un devoir que d'être salarié militant ». Un engagement que l'on retrouve également chez les représentants élus des sociétaires qui ont pour mission d'administrer les mutuelles.

Parfois, ce militantisme s'exercera parallèlement au sein d'associations, de syndicats de salariés et de partis politiques, exprimant un souci de changer la société en humanisant le monde de l'économie. L'exemple est souvent donné par les patrons de l'économie sociale : Thierry Jeantet, directeur d'Euresa, qui regroupe des grandes mutuelles européennes, est inscrit au Parti radical de gauche, Edmond Maire a longtemps dirigé la CFDT avant de présider aux destinées de VVF puis de la société d'insertion France Active. Tout comme Christian Sautter, ancien ministre socialiste du Budget, adjoint au maire de Paris et président de France Active. Une façon pour eux de peser sur le monde en apportant un regard différent sur l'économie.

L'économie sociale emploie près de 2 millions de salariés

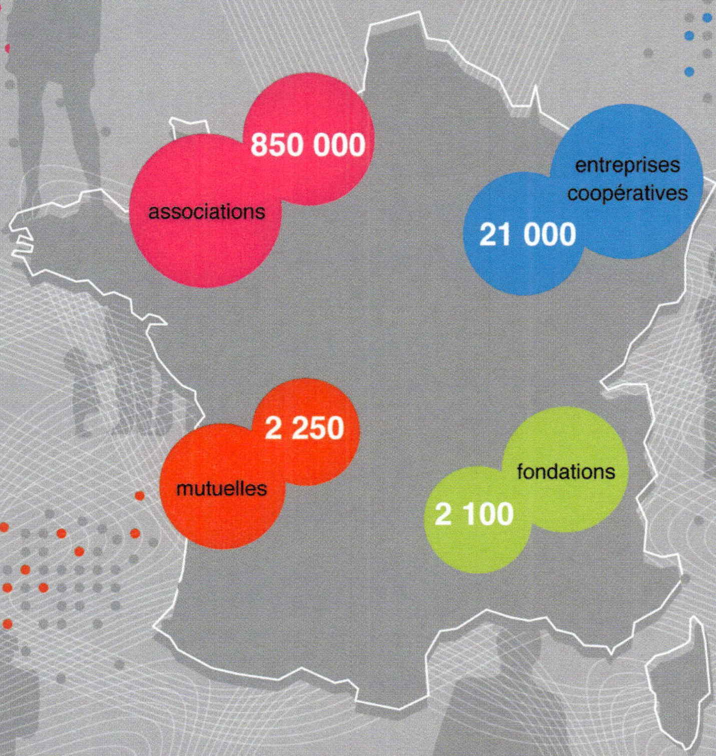

10 % du PIB.

12 % de l'emploi.

80 % des agriculteurs sont coopérateurs.

63 % de l'assurance complémentaire relèvent des mutuelles

60 % des placements sont collectés par les banques coopératives.

50 % des maisons de retraite sont gérées par des associations.

Source : Ceges.

1,8 million de salariés

En France, on dénombre près de 850 000 associations, 21 000 coopératives, 2250 mutuelles de santé et d'assurances, et plus de 2 000 fondations qui se revendiquent de l'économie sociale. Tout cela représente près de 2 millions de salariés, dont 1,7 million sont employés par les seules associations. Réunis, les représentants de l'économie sociale participent à hauteur d'environ 10 % du produit intérieur brut (PIB) et peuvent représenter de 10 % à 15 % de l'emploi salarié dans une région.

Ces structures ne sont pas toutes des acteurs de l'économie de marché, engagés dans des activités concurrentielles. En raison de l'importance de leur apport en termes de cohésion sociale (insertion des chômeurs, aide aux personnes handicapées, etc.), un grand nombre d'entre elles, relevant principalement du monde associatif, reçoivent des aides de l'État et des collectivités territoriales.

De par cette grande variété, chaque « famille » (mutuelles, associations, coopératives, fondations) est longtemps restée centrée sur ses spécificités et ce n'est que depuis quelques années que des responsables des différentes branches ont décidé de se rapprocher pour parler et faire connaître ce qui les rassemble.

Une définition incertaine

Le terme d'économie sociale n'est lui-même réutilisé que depuis quelques années seulement. S'il est apparu dès 1830, le concept a été théorisé au début du xxe siècle par l'économiste Charles Gide (voir p. 17). Preuve que l'idée entrait dans les mœurs, un pavillon dédié à l'économie sociale est édifié à l'occasion de l'Exposition universelle de 1900 ! Mais ce terme n'a jamais fait partie du langage courant, son usage étant réservé à quelques initiés militants. Anecdote amusante : l'ancien Premier ministre Michel Rocard raconte comment, nommé ministre du Plan et de l'Aménagement du territoire en 1981, il obtient d'être chargé de l'économie sociale. Or le Conseil d'État annulera son décret d'attributions au motif que : « L'économie sociale, cela n'existe pas. Il convient de la créer d'abord. Lui trouver un ministre ne pourra se faire qu'après. » (Thierry Jeantet, préface de *L'Économie sociale : la solidarité au défi de l'efficacité*, La Documentation française, Paris, 2006.)

Le terme d'économie sociale a fini par trouver sa légitimité grâce à un décret de 1981, suivi de la création d'un secrétariat d'État, de courte vie, et aujourd'hui d'une Délégation interministérielle à l'innovation, à l'expérimentation sociale et à l'économie sociale (Diieses). Celle-ci dispose d'un budget de 3 millions d'euros pour mener

Une coopérative de tapissiers, rue de Maistre, à Paris, en 1942.

des actions en faveur de l'économie sociale ainsi que d'un fonds d'innovation de 8 millions d'euros. Au niveau européen, le secteur a également été identifié par les textes communautaires.

Pourtant, malgré les statuts juridiques particuliers adoptés par les structures qui le composent, le territoire de l'économie sociale reste toujours difficile à cerner avec précision. La définition est mouvante et se recompose sans cesse du fait qu'elle évolue en fonction de la réalité économique et sociale de la société. De nouveaux acteurs, venus notamment du développement durable ou du commerce équitable, mais aussi des entrepreneurs sociaux de plus en plus nombreux, se recommandent de l'« économie sociale et solidaire », élargissant ainsi sa définition et la nature de ses membres. Cela ne va pas sans susciter d'âpres débats, car beaucoup d'idéologies et de dogmes se sont élaborés au fil des années.

L'économie sociale est également dénommée tiers secteur, par opposition au secteur dit capitaliste et au secteur public. C'est loin d'être une spécificité française. Les Espagnols, les Italiens, les Japonais ont développé de forts secteurs coopératifs ou mutualistes… Les Anglo-Saxons se trouvent également une parenté avec leurs organisations *not for profit* (sans but lucratif). Et les meilleures statistiques sur l'apport économique de ces secteurs viennent du Canada, d'Australie et de Nouvelle-Zélande !

Charte de l'économie sociale

Rédigée en 1980, cette charte expose les principes et les valeurs qui caractérisent les organisations de l'économie sociale.

Article 1 :

Les entreprises de l'économie sociale fonctionnent de manière démocratique, elles sont constituées de sociétaires solidaires et égaux en devoirs et en droits.

Article 2 :

Les sociétaires consommateurs ou producteurs membres des entreprises de l'économie sociale s'engagent librement suivant les formes choisies (coopératives, mutualistes ou associatives) à prendre les responsabilités qui leur incombent en tant que membres à part entière desdites entreprises.

Article 3 :

Tous les sociétaires étant au même titre propriétaires des moyens de production, les entreprises de l'économie sociale s'efforcent de créer, dans les relations sociales internes, des liens nouveaux par une action permanente de formation et d'information dans la confiance réciproque et la considération.

Article 4 :

Les entreprises de l'économie sociale :

– revendiquent l'égalité des chances pour chacune d'elles ;

– affirment leur droit de développement dans le respect de leur totale liberté d'action.

Article 5 :

Les entreprises de l'économie sociale se situent dans le cadre d'un régime particulier des gains. Les excédents d'exercice ne peuvent être utilisés que pour leur croissance et pour rendre un meilleur service aux sociétaires qui en assurent seuls le contrôle.

Article 6 :

Les entreprises de l'économie sociale s'efforcent, par la promotion de la recherche et l'expérimentation permanente dans tous les domaines de l'activité humaine, de participer au développement harmonieux de la société dans une perspective de promotion individuelle et collective.

Article 7 :

Les entreprises de l'économie sociale proclament que leur finalité est le service de l'homme.

Cette charte a été actualisée en 1995. Source : Ceges.

En 1964, l'association théâtrale des étudiants de Paris s'organise en scop : ainsi naît le Théâtre du Soleil. La compagnie s'installe en 1970 à la Cartoucherie de Vincennes où elle donnera en premier spectacle une création collective : *1789*, évocation de la Révolution française mise en scène par Ariane Mnouchkine.

Les manifestations d'entraide et de solidarité existent de tout temps. Elles s'organisent au Moyen Âge avec les guildes, les confréries, le compagnonnage... Mais ce n'est qu'au milieu du XIIIe siècle qu'on trouve trace d'une forme de coopération avec les fruitières du Jura : les éleveurs de cette région livrent leur lait aux fruitières, lesquelles assurent la fabrication et la vente du fromage de comté, les bénéfices étant répartis selon la quantité de lait fournie.

Les premières véritables coopératives se développent au XIXe siècle, sous l'influence conjuguée d'un socialisme utopique puis d'un christianisme social, mobilisation d'une classe ouvrière vivant dans une extrême pauvreté générée par la révolution industrielle. Des ouvriers vont se regrouper et s'associer en tant que producteurs et acheteurs.

Des « équitables pionniers »

Le concept d'économie sociale apparaît dans un ouvrage publié en 1830, intitulé *Nouveau Traité d'économie sociale*, d'un auteur libéral, Charles Dunoyer. Quatre ans plus tard, des ouvriers parisiens fondent la première coopérative de production : l'Association ouvrière des bijoutiers en doré. L'année suivante, Michel-Marie Derrion, disciple de Charles Fourier (voir p. 16), crée à la Croix-Rousse, à Lyon, la première coopérative de consommation. Ce « commerce véridique et social » est fondé sur la démocratie, la transparence et l'égalité : les bénéfices sont distribués à parts égales aux investisseurs, aux employés des magasins, aux consommateurs (par des ristournes) et à un fonds social. Cette initiative ne parvient pas à dépasser trois ans, mais l'idée va s'imposer.

Ce qui fait vraiment figure d'expérience fondatrice, par sa pérennité et son envergure, a lieu en 1844, en Angleterre, à Rochdale, dans les environs de Manchester. Des ouvriers tisserands organisent une coopérative de denrées alimentaires, la Société des équitables pionniers de Rochdale, qui connaît une réussite rapide, puis ils lancent leurs propres filatures, multiplient les magasins, créent une banque et une mutuelle de prévoyance, mais aussi des écoles, des bibliothèques... Les principes de base de la coopération sont établis : démocratie (une personne, une voix), libre adhésion, rémunération limitée du capital, bénéfices répartis entre les membres au prorata de leur investissement.

Les coopératives de production et de consommation

En 1882, des paysans danois créent une coopérative laitière. Les premières apparaîtront en France dans les années 1890. À cette époque, les coopératives de production vont passer en trois décennies de 50 à 500 et les coopératives de consommation de 1 000 à 3 000.

En 1912, au Congrès de Tours, l'Union coopérative, menée par Charles Gide, et la Bourse des coopératives de France, dans la mouvance socialiste, se réunissent en Fédération nationale des coopératives de consommation (FNCC), fondant en même temps l'indépendance de la coopération vis-à-vis des partis politiques.

Les coopératives n'auront un véritable statut qu'en 1947.

Après une période de forte croissance et de grande influence durant toute la première moitié du siècle, les coopératives de consommation vont décliner devant la montée des grandes surfaces à partir des années 1960. Le premier supermarché coopératif ouvre en 1961, et le premier hypermarché en 1969.

Les coopératives de production prennent alors le pas sur celles-ci. Dans la seconde moitié du XXe siècle, elles vont notamment faciliter l'accès des agriculteurs au crédit et à la modernisation. Regroupées en Confédération générale des scop (CGSCOP) depuis 1937, les scop obtiennent un statut propre en 1978, et leur nombre est depuis lors en constante augmentation.

Les banques coopératives

Apparues au XIXe siècle, les banques financent les grands industriels et commerçants, mais restent inaccessibles aux agriculteurs et aux artisans.

En 1864, Friedrich Wilhelm Raiffeisen (voir p. 17) crée en Rhénanie la première coopérative de crédit mutuel, qui pose les principes de base de la banque mutualiste.

Ludovic de Besse, un père capucin, crée en 1878 la Banque des travailleurs chrétiens, ouverte à tous. Des banques populaires se constituent dans le sud de la France à l'attention des artisans, puis des caisses de crédit mutuel se donnent comme but d'aider les agriculteurs et les marins. Le Crédit agricole est créé en 1894.

Dans l'entre-deux-guerres, les banques mutualistes se développent, notamment le Crédit mutuel et les Banques populaires. D'autres se créent comme la Caisse centrale de crédit coopératif, en 1938, qui a pour objectif le développement des coopératives de production et de consommation.

Les sociétés de secours mutuel

À partir de 1790, des ouvriers typographes organisent des sociétés de secours mutuel qui gèrent des fonds provenant de cotisations volontaires et constituent les premières formes de protection sociale en cas de maladie ou d'accident et d'aide aux plus démunis. Elles jouent aussi le rôle de caisses de chômage ou de soutien aux grévistes. Elles n'obtiendront un statut qu'au milieu du XIXe siècle. Elles entendent se démarquer totalement de toute forme de charité, comme le souligne le préambule au règlement de la Société des ouvriers gantiers de Grenoble, créée dans les années 1820, qui définit ainsi la solidarité : « [...] Les secours que la société accorde sont des droits acquis, tous les sociétaires peuvent être à la fois obligeants et obligés ; c'est une famille qui réunit en commun le fruit de ses labeurs pour pouvoir s'entraider mutuellement, ce sont des frères qui tendent les bras à leurs frères. Pas de pitié dans leur empressement, pas de honte pour celui qui reçoit [...]. Celui qui reçoit ne reçoit rien de personne, c'est sa propriété qu'on lui remet, c'est son bien qu'il dépense, il ne doit aucun remerciement, le contrat est réciproque. » Nous avons là les principes mêmes de la Sécurité sociale.

Ce n'est qu'en 1850 et 1852 que les sociétés de secours mutuels recevront un statut légal. En 1898, la charte de la Mutualité est promulguée : les sociétés de secours mutuel prennent désormais en charge toutes les œuvres sociales et éducatives. On estime leur nombre à cette époque à 8 000 avec quelque 2 millions d'adhérents.

Le concept d'économie sociale

Malgré la chaire d'économie sociale créée au Collège de France en 1921, le terme ne sera vraiment consacré que dans le dernier tiers du XXe siècle, regroupant les coopératives et les mutuelles, auxquelles se sont ajoutées les associations depuis 1901, et les fondations en 1989, dans une adhésion commune à la démocratie et à la primauté de l'objectif social sur la recherche du profit.

En 1980, le Comité national de liaison des activités mutualistes, coopératives et associatives (CNLAMCA) promulgue une charte définissant la spécificité des entreprises de l'économie sociale. Le terme « économie sociale » existe juridiquement depuis le décret du 15 décembre 1981 qui crée la Délégation interministérielle à l'économie sociale à l'initiative de Michel Rocard, alors ministre du Plan et de l'Aménagement du territoire. Le terme obtient une reconnaissance européenne en 1989 avec la création de l'unité Économie sociale au sein d'une des directions de la Commission européenne.

Quelques grandes figures

Claude Henri de Saint-Simon (1760-1825)

Pour le petit-neveu du mémorialiste de la cour du Roi-Soleil, contemporain de la Révolution, on pourrait rayer de la carte de France tous les politiciens qu'il n'en serait rien changé. Par contre, affirme-t-il, la perte des créateurs, des artistes, des ingénieurs et des entrepreneurs serait une véritable catastrophe. Son œuvre, tout à la gloire de l'entreprise au service de la collectivité, a trouvé écho parmi un certain nombre de disciples, les saint-simoniens, qui, dans un XIXe siècle en plein essor industriel, incarnent la volonté de confier la gestion de l'outil de production et du capital selon la compétence.

Robert Owen (1771-1858)

Entrepreneur gallois parti de rien, il crée en 1800, à New Lanark, en Écosse, une filature modèle alors que la Grande-Bretagne est en pleine révolution industrielle. Son pari : allier des conditions de vie et de travail acceptables pour les ouvriers à la productivité économique. Son entreprise, qui emploie plus de 1 000 ouvriers, est citée en exemple dans le monde entier. Il met en place en Grande-Bretagne un réseau de coopératives et une union de syndicats. Il laisse un ouvrage, le *Livre du nouveau monde moral*.

Charles Fourier (1772-1837)

Pour ce fils de drapier de Besançon, l'ère du capitalisme naissant, dont il voit les premiers balbutiements à Lyon dans l'industrie de la soie, ne peut conduire qu'à l'asservissement de l'homme. Mais il ne s'agit pas, pour Fourier, de remettre en cause le capitalisme ni d'imaginer un système économique égalitariste. Il prône, dans une vision utopiste de l'économie, le regroupement de la production autour de phalanstères, fondés sur la copropriété et la cogestion, regroupant quelque 1 600 personnes à la fois producteurs et consommateurs, où les aptitudes, le talent et la « productivité » déterminent la hiérarchie et la rémunération. À charge pour ses disciples, comme Michel-Marie Derrion ou Jean-Baptiste Godin, de mettre en œuvre cette société idéale.

Philippe Buchez (1796-1865)

Médecin, disciple de Saint-Simon, il promeut au moment de la révolution de Juillet, en 1830, la notion d'association ouvrière où les bénéfices sont partagés tandis qu'un fonds de garantie est constitué. Sur ce principe, naît à Paris en 1834 la première coopérative ouvrière de production : l'Association ouvrière des bijoutiers en doré.

Frédéric Le Play (1806-1882)

Polytechnicien, ingénieur des Mines, disciple de Saint-Simon, il consigne le fruit de ses enquêtes de terrain dans un ouvrage qui paraît en 1855, *Les Ouvriers européens*. Son constat sur la misère ouvrière et sur le besoin de réorganiser la société industrielle débouche sur un deuxième livre, *La Réforme sociale en France* (1864). Haut fonctionnaire du Second Empire, il prône un capitalisme social et crée la Société d'économie sociale, puis les unions pour la paix sociale, qui militent pour la valorisation du travail ouvrier et l'émergence de nouvelles élites à la base.

Pierre Joseph Proudhon (1809-1865)

Journaliste, essayiste, polémiste, il théorisera les mouvements sociaux de son époque. Dans sa doctrine qui doit tendre vers la justice et la liberté, il s'attaque tout autant à la propriété (« la propriété, c'est le vol ») qu'aux associations ou aux coopératives (« entrave à la liberté du travailleur »). Père de l'anarchisme, qui est une garantie à ses yeux contre le pouvoir économique, Proudhon milite pour un socialisme utopique, pour un « mutuellisme » et un fédéralisme autogestionnaire. Il lance en 1849 une « banque du peuple », basée sur des prêts sans intérêts et la non-rémunération des souscripteurs. Expérience qui tourne court mais qui préfigure les initiatives contemporaines de microcrédit.

Jean-Baptiste Godin (1817-1888)

Jean-Baptiste Godin fut d'abord apprenti serrurier et compagnon du tour de France. Côtoyant la misère ouvrière, grand lecteur des penseurs utopistes, comme Saint-Simon, Owen ou Fourier, il s'en souviendra lorsqu'il fera fortune à Guise, dans l'Aisne, où il installe une usine de poêles en fonte. S'inspirant des phalanstères imaginés par Fourier, et que d'ailleurs il financera, il crée le Familistère, une association coopérative qui prend en charge environ 2 000 familistériens : les ouvriers de l'entreprise et leurs familles. C'est, attenant à l'usine, un vaste complexe d'habitat collectif, avec toutes les commodités de l'époque, mais aussi des écoles et une bibliothèque, un théâtre, des crèches, des soins gratuits, des magasins à prix réduits, des associations sportives...

Friedrich Wilhelm Raiffeisen (1818-1888)

Journalier en Rhénanie, il connaît très tôt la misère du monde paysan. Militaire, puis fonctionnaire puis bourgmestre de la commune de Weyerbusch, il est confronté à la grande disette de 1847, et crée une association qui gère les approvisionnements en blé et en pommes de terre et fournit du pain à moindre coût. De cette première société de secours, il imagine un système d'épargne et de crédit qui permet aux souscripteurs de s'« aider soi-même », évitant aux paysans de recourir aux usuriers. À côté de ce système mutualiste, Friedrich Wilhelm Raiffeisen développe des coopératives qui essaiment dans toute l'Allemagne.

Charles Gide (1847-1932)

Oncle du célèbre écrivain, il enseigne l'économie politique et crée en 1885 la première Fédération nationale des coopératives de consommation. Sa démarche est inspirée par l'école de Nîmes qu'il anime et qui réunit des théoriciens pionniers de l'économie sociale, groupés en coopérative. Cette notion, apparue vers 1830, sera popularisée par l'universitaire dans un ouvrage perpétuellement réédité de 1884 à 1931, *Principes d'économie politique*. Pour Charles Gide, le mouvement coopératif, fer de lance de l'économie sociale, doit s'appuyer sur les consommateurs et a toute sa place aux côtés des mouvements sociaux. Une conviction qu'il développera toute sa vie à travers des rapports et des publications, ainsi que dans son enseignement, qu'il dispensera au Collège de France de 1920 à 1928.

Henri Desroche (1914-1994)

Dominicain, proche du mouvement du christianisme social Économie et Humanisme, il quitte l'ordre après la publication, en 1950, de *Signification du marxisme*. Chercheur en sociologie au CNRS, il travaille particulièrement sur la façon dont s'articulent les pensées marxiste et chrétienne. Il fonde le Bureau des études coopératives et communautaires (BECC) en 1953. En 1957, il fonde le Collège coopératif et crée la revue *Archives internationales de sociologie de la coopération et du développement* qui paraîtra jusqu'en 1989 ; il collabore également à la *Revue des études coopératives*. Directeur d'études à l'École pratique des hautes études à partir de 1958, il y enseigne la sociologie de la coopération et du développement. Il crée en 1977 l'Université coopérative internationale.

2
UN VIVIER DE CRÉATIONS

Présente depuis plus d'un siècle dans le paysage économique français, l'économie sociale est un vivier très actif où de nouvelles structures naissent régulièrement. La nature démocratique de ses organisations, la priorité de la personne sur le profit, le principe d'égalité et de solidarité en font un secteur de plus en plus attractif, notamment auprès des jeunes en quête d'un travail porteur de sens et de justice sociale. Cela dans des domaines très variés, qui vont du commerce au service à la personne.

Le dynamisme des scop

Des coopératives qui ont le vent en poupe

Très utilisé dans le monde agricole et dans celui du BTP, le statut de coopérative a fini par gagner d'autres secteurs, y compris l'informatique.

Ainsi, à Bordeaux, des jeunes ont créé en 2001 Motion Twin, qui développe des jeux pour des sites Internet. Avec, au départ, quelques idées fortes : tous développeurs, ils veulent le même salaire et que chacun soit associé aux décisions. Et surtout, que ceux qui les rejoignent puissent entrer aux mêmes conditions. Il n'est pas question de capitaliser sur les parts. « Pour qu'une personne s'investisse vraiment, il faut que la société lui appartienne, qu'elle ait du pouvoir », explique Benjamin Soulé, gérant et fondateur de l'entreprise. Le statut de SARL ne leur convenant pas, lui et ses amis choisissent celui de société coopérative ouvrière de production (scop). Le nom paraît curieux pour des développeurs informatiques et pourtant cela répond à leurs aspirations : pas de hiérarchie, des décisions communes, tous les salariés associés. « Chacun rentre chez soi en se disant : "C'est ma boîte" », observe François Nicaise, salarié associé.

Cinq ans plus tard, le bilan est positif. Motion Twin compte dix salariés et gagne entre 1,5 et 2 millions d'euros par an. La scop leur a permis de créer un outil de production pérenne, capable de s'autofinancer grâce aux réserves obligatoires qu'il faut mettre de côté chaque année. Tous les salariés – associés à leur demande au bout d'un an – ont bénéficié ensemble de la progression de l'activité de l'entreprise, avec des hausses de salaire en conséquence. En outre, Motion Twin ne paie pas l'intégralité de l'impôt sur les sociétés ni de taxe professionnelle grâce à un dispositif spécifique aux scop qui lui permet de garder ces sommes en interne pour réaliser des investissements.

On compte près de 1 700 scop en France – une centaine de plus chaque année – qui rassemblent 37 000 salariés dans tous les secteurs de l'économie.

Un tremplin pour l'emploi

Ce type de structure est très souvent utilisé par les nouveaux acteurs du développement durable. C'est le cas d'Éthiquable, créé en 2003 par trois personnes : un agronome, un financier et un commercial qui, après quinze ans dans des entreprises classiques ou des organisations non gouvernementales (ONG), ont fondé une société de commerce équitable dans l'alimentaire, avec un statut de coopérative de production. Installés dans le Gers, où ils ont leur entrepôt, ils conçoivent des recettes avec des produits frais et des matières premières commandés dans les pays du Sud.

Aujourd'hui, la coopérative compte 47 salariés, dont 15 commerciaux, et est distribuée par la grande distribution et les magasins spécialisés. « On a réussi à mettre en parallèle à ces circuits une structure qui correspond bien à notre objectif de commerce équitable », estime Stéphane Comar, gérant et fondateur d'Éthiquable. « C'est l'avenir de l'emploi en France », assure-t-il.

Autre exemple, l'orchestre Colonne, créé en 1873, est devenu une scop en 1982. Les 85 musiciens titulaires sont devenus salariés associés d'une entreprise aujourd'hui bénéficiaire. Ils effectuent bénévolement les tâches administratives, jouent gratuitement un concert par mois, organisent les manifestations, négocient les contrats, investissent dans les instruments et se paient sur les recettes. En France, une quarantaine de sociétés de spectacle ont choisi ce statut qui fait d'elles des sociétés commerciales et, de ce fait, leur rend difficile l'obtention de subventions, mais en revanche ne leur donne pas une image d'amateur comme risquerait de le faire une association.

Les associations : créatrices d'emploi

SOS pour réparer les maux de la société

Les entreprises commerciales ne sont pas les seules à se développer. Les associations sont également très dynamiques. En témoigne l'essor du groupe SOS, dont l'objectif est d'accompagner les personnes les plus vulnérables pour trouver un emploi, un logement, de l'aide en cas de problèmes de santé graves (drogue, sida), mais aussi de contribuer au développement durable. Sa structure juridique repose sur ses trois associations fondatrices : SOS Drogue international, SOS Habitat et soins et SOS Insertion et alternatives. Ce sont elles qui donnent l'impulsion et la cohérence à la stratégie du groupe, qui compte 2 000 collaborateurs, rassemble neuf associations et diverses entreprises d'insertion (voir l'infographie p. 81).

Nous sommes là dans le champ de l'économie solidaire, qui se veut réparatrice des maux de la société. L'une des entreprises du groupe, la Compagnie du commerce équitable, gère une centrale d'achats, Fairplace, et est aussi une entreprise d'insertion. Elle a lancé en 2003 la boutique Alter Mundi, spécialisée dans le commerce équitable pour la décoration et le mobilier et, plus récemment, une autre consacrée à la « mode éthique », ainsi qu'un bar-restaurant-épicerie-galerie, Alter Mundi Café. Elle commence à se développer en province sous la forme de franchise, notamment à Lille et à Aix-en-Provence, et à créer une société de commerce équitable dans l'alimentaire.

Évolution du nombre de scop et de salariés. 1995-2005 : dix ans de progression

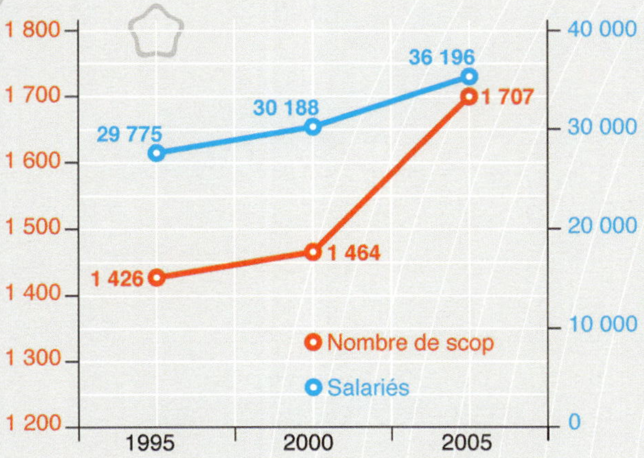

Poids des métiers scop en 2005

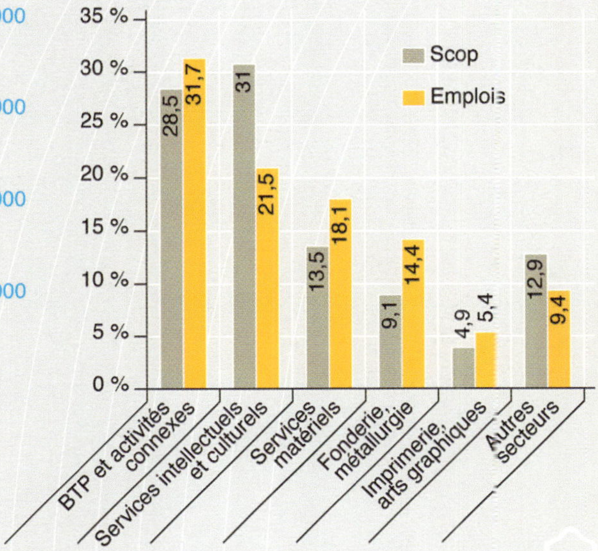

Fonctionnement d'une scop : répartition des résultats

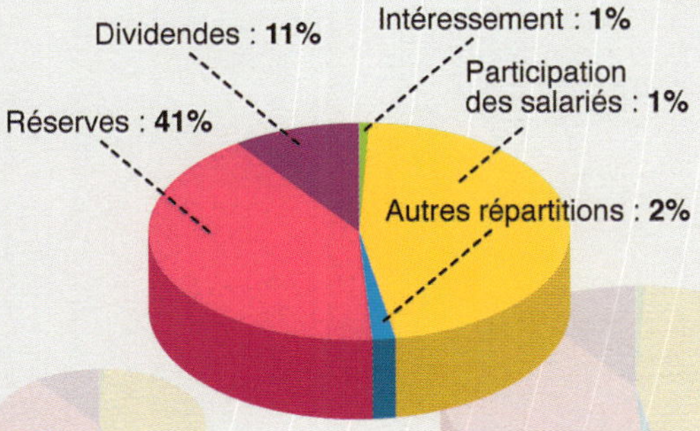

Évolution des emplois scop répartis par métiers (1979-2005)

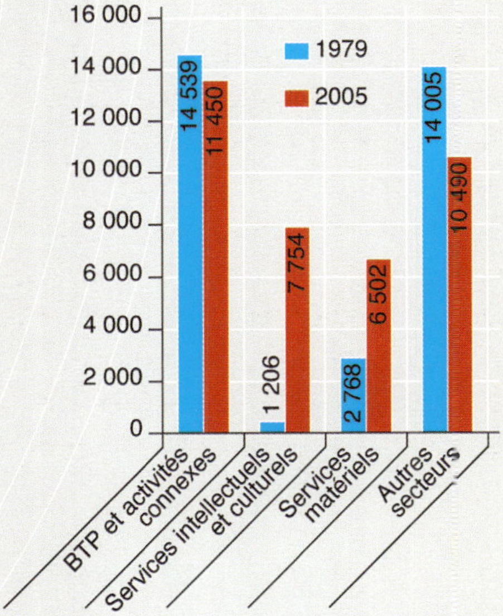

Source : CGSCOP.

100 000 emplois de plus en 5 ans

Selon le statisticien Philippe Kaminski, il y a eu entre 1998 et 2002 une progression forte et régulière de la croissance de la masse salariale des associations, d'environ 3 % par an. « Il faut voir là un effet de la mesure "emplois jeunes", qui a fortement dynamisé l'emploi associatif, puisque cela a créé 100 000 postes en cinq ans », explique Julien Adda, délégué général de la Conférence permanente des coordinations associatives (CPCA). Celle-ci regroupe 700 fédérations qui rassemblent environ 400 000 associations et la quasi-totalité de l'emploi associatif, qui atteint 1,65 million, soit 900 000 postes équivalents temps plein. L'« emploi aidé » a une importance considérable et permet de diversifier la masse salariale, qui doit d'ailleurs se renouveler de façon importante, toute une génération de baby-boomers arrivant à l'âge de la retraite. Ainsi les lois Borloo ont permis de créer 66 000 emplois dans le monde associatif à la fin 2005, le double devant être atteint fin 2006.

Du coup, « les associations se professionnalisent, constate Frédéric Cornu, directeur de l'Association pour le développement d'une dynamique de l'économie locale, mais on recherche des gens qui veulent donner un sens à leur travail ». Si elles développent des métiers spécifiques (levée de fonds, développement de structures associatives, conduite de projets), elles recrutent également dans les métiers traditionnels (comptabilité, maintenance, etc.). Les associations offrent trois sortes de statuts : les bénévoles dont le travail n'est pas rémunéré, les volontaires, qui adhèrent à une charte associative, prennent en charge une mission et sont indemnisés, et les salariés.

Le secteur le plus représenté est celui du sanitaire et social, dont les services sont achetés par les collectivités. La plupart des associations vivent en général, pour les deux tiers, de ressources publiques – via des contrats ou des subventions qui sont la contrepartie d'un service rendu –, les autres ressources provenant des cotisations, des dons ou de la vente de biens ou de services marchands.

Une gestion qui n'a pas droit à l'erreur

Les associations spécialisées dans la formation professionnelle ou le tourisme social sont parmi les plus « commerciales ». Dans ce secteur, « les comptes sont difficiles à équilibrer car les marges sont moins importantes que dans le secteur commercial à but lucratif, toute erreur de gestion ou de mauvaise appréciation des besoins a des conséquences sur la capacité d'investissement », explique Marc Genève, chargé de mission relations institutionnelles et Europe de l'Union nationale des centres sportifs de plein air (UCPA).

Qu'est-ce qu'une coopérative ?

Une coopérative est une association autonome de personnes qui se réunissent volontairement selon le principe de la « double qualité ». Dans une coopérative de production, par exemple, les salariés sont aussi associés ; dans une coopérative de consommation, les clients peuvent aussi être sociétaires. Chaque coopérateur détient une « part sociale » de la coopérative, selon le principe de décision égalitaire « une personne, une voix ».

Les coopératives se regroupent en quatre grandes familles qui perpétuent souvent des principes économiques dont on trouve trace dès le XIIIe siècle :

– les coopératives d'usagers, qui regroupent des associations de consommateurs (réseau de magasins d'alimentation, par exemple), d'habitants de logements sociaux, de copropriétaires ;

– les coopératives d'entrepreneurs ou d'entreprises, souvent dédiées à un secteur particulier de l'économie (coopératives agricoles, viticoles, artisanales, commerciales, maritimes…) ;

– les coopératives de salariés, comme les scop ou les nouvelles CAE ;

– les banques coopératives, comme le Crédit mutuel, le groupe Banque populaire, le Crédit agricole, les Caisses d'épargne ou le Crédit coopératif.

Des associations en forte croissance

Répartition des associations

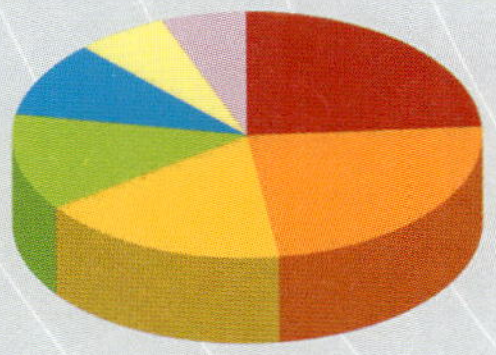

24,5 % Activités sportives
23 % Culture, tourisme et loisirs
16,5 % Action sanitaire et sociale
9,5 % Vie sociale
9,5 % Habitat et environnement
8,5 % Éducation et formation
8,5 % Services aux entreprises

Importance du bénévolat

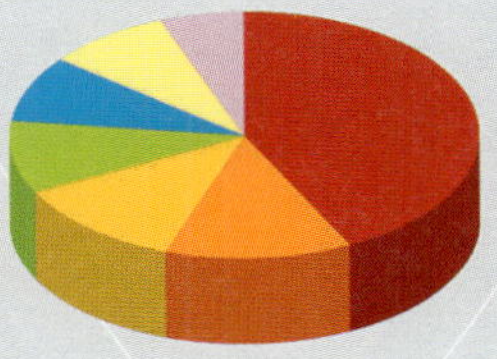

37 % Activités sportives
14 % Action sanitaire et sociale
10 % Culture, tourisme et loisirs
8 % Recherche
8 % Environnement
8 % Église
6 % Associations professionnelles

Trois principaux secteurs

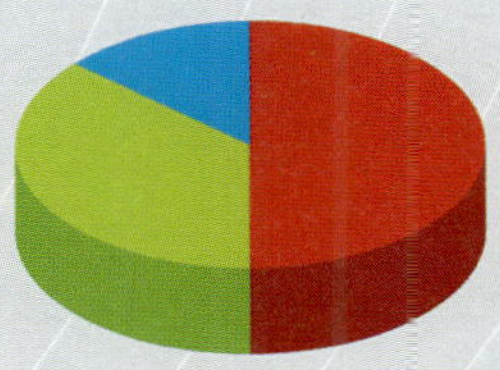

40 % Action sanitaire et sociale
29 % Éducation et recherche
14 % Culture, sport et activités récréatives

Source : CPCA.

« Mais il faut faire des bénéfices pour qu'ils puissent être réinvestis dans l'activité. » Conçue pour offrir des vacances sportives à des jeunes, l'association (qui ne bénéficie pas d'emplois aidés) a ainsi développé des activités de formation aux métiers du sport et de l'animation (y compris de soirée, en formant des DJ). Elle s'est ensuite orientée vers la gestion de sports de loisir de proximité comme les bases de plein air. La patinoire de l'Hôtel de Ville de Paris, par exemple, est gérée par l'UCPA.

Scic et CAE : de nouveaux statuts pour entreprendre

Depuis 2001, un nouveau statut a été mis en place, celui de société coopérative d'intérêt collectif (scic), dont l'objectif est d'associer aux décisions des partenaires publics et privés ainsi que les usagers et les salariés d'un service. C'est un outil nouveau pour les associations qui peuvent transformer une société en scic sans avoir besoin de créer une nouvelle personne morale (une nouvelle structure juridique). Cinq ans après leur création, quelque 90 scic sont répertoriées, essentiellement dans les secteurs de l'environnement, des services de proximité et les aides à la personne.

Le champ de l'économie sociale est souvent celui où peuvent se mener des expérimentations inconcevables ailleurs. C'est ainsi qu'en 1995 a été établie la première coopérative d'activité et d'emploi (CAE). Plutôt que de pousser des chômeurs à fonder leur entreprise, avec tous les risques que cela comporte, cette nouvelle structure leur offre un accompagnement et un suivi de leur projet et leur permet de créer leur emploi de façon qu'ils soient à la fois entrepreneurs et salariés de la coopérative. Celle-ci partage avec chacun son cadre juridique et permet une mise en commun des moyens, des compétences et des expériences.

Chaque individu développe son activité et rétribue la coopérative à hauteur de 10 % de son chiffre d'affaires. Il a à sa charge le versement de son salaire et de sa couverture sociale. La CAE bénéficie d'aides publiques en échange de cette aide à l'emploi et au développement local, mais elle parvient à s'autofinancer à hauteur de 50 % ou 60 %, selon l'estimation d'Élisabeth Bost, déléguée générale de Coopérer pour entreprendre, qui regroupe une cinquantaine de CAE.

Bilan au bout de dix ans : 5 710 personnes porteuses de projet ont été accueillies dans ce type de structure et 1 990 ont été accompagnées ; 1 138 sont devenues entrepreneurs salariés. En 2005, les créateurs de projet ont généré un chiffre d'affaires combiné de 16,5 millions d'euros, et 5 nouvelles coopératives ont été créées.

Créé en 1953 par Louis Auriacombe, l'orchestre de chambre de Toulouse se voit mis en liquidation judiciaire en 2004. Les musiciens décident de le refonder en scop, ce qui leur permet de renouer avec la tradition démocratique de leurs débuts et de choisir, en tant que salariés associés, leur directeur musical, Gilles Colliard.

Coopérer pour entreprendre, un réseau en plein essor

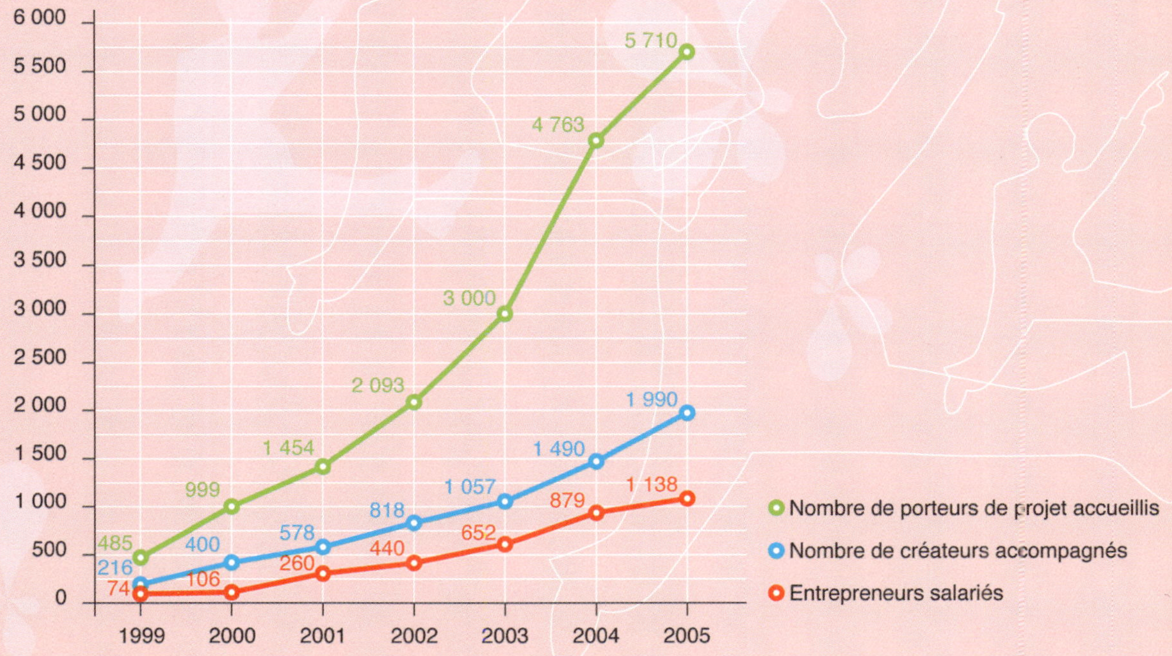

Des couveuses pour rendre viable un projet

Des associations se sont aussi spécialisées sur ce créneau. Depuis vingt-cinq ans, des boutiques de gestion cherchent à aider des demandeurs d'emploi « porteurs de projet » en leur donnant un cadre, un numéro de Siret (enregistrement au greffe du tribunal de commerce). « Ils peuvent tester leurs produits, monter leur réseau de clients et de fournisseurs », explique Chantal Mainguéné, responsable de la boutique de gestion de Paris.

La boutique de gestion offre des services gratuits dans sa « couveuse » et cherche à obtenir le maximum d'appui financier auprès des différentes collectivités qui viennent en aide aux chômeurs. Elle travaille en réseau avec l'Association pour le droit à l'initiative économique (Adie), le Crédit coopératif ou l'association France Active, mais aussi avec les villes, les régions et les fédérations de métiers qui peuvent être concernées. En Île-de-France, par exemple, il y a des liens forts avec la fédération du prêt-à-porter car les projets abondent dans les métiers de la mode. En général, 9 000 porteurs de projet sont en contact avec des boutiques de gestion chaque année, et cela mène, en Île-de-France, à la création de 1 500 entreprises par an. Un projet qui cherche à fournir des services aux particuliers restera en général sept mois dans la couveuse. Le temps monte à treize mois pour des activités de production.

Pour ceux qui veulent entreprendre par eux-mêmes et qui ne peuvent pas bénéficier d'emprunt bancaire classique, l'Adie, association pionnière du microcrédit en France, fournit des prêts qui peuvent aller jusqu'à 5 000 euros, remboursables sur vingt-quatre mois (voir p. 33).

L'association marseillaise Arfade est un chantier d'insertion qui offre à des chômeurs la possibilité de participer à la construction d'un bateau et d'acquérir ainsi une solide expérience et peut-être même une passion ! De 60 à 85 % d'entre eux trouvent ensuite un emploi ou une formation.

Les entrepreneurs sociaux : un secteur innovant

L'insertion par l'activité économique

Les entrepreneurs qui adhèrent aux valeurs de l'économie sociale sans toujours adopter ses statuts sont de plus en plus nombreux. Ils sont porteurs d'un projet économique au service d'une finalité sociale qui implique une certaine prise de risque. Ce genre d'entreprise « sociale » se caractérise par le choix de ses employés (personnes marginalisées) ou par les utilisateurs des services proposés (personnes fragiles), ou encore par la nature des biens ou services offerts (commerce équitable). Comme ailleurs dans l'économie sociale, le pouvoir n'est en général pas lié à la détention de capital et les bénéfices sont distribués de façon limitée. Ces entrepreneurs sociaux sont souvent des innovateurs qui apportent une réponse radicalement nouvelle, laquelle va profondément changer la donne sociale.

Dans le 8e arrondissement de Lyon, ces fresques sur le thème de la tour de Babel sont l'œuvre des artistes de la Cité de la Création, une scop locale qui a déjà à son actif quelque 400 réalisations dans une vingtaine de pays. Leur dernière commande : réaliser à Berlin la plus grande peinture murale du monde.

L'exemple le plus connu est sans doute celui du Bangladais Muhammad Yunus. Le prix Nobel de la paix a été attribué en 2006 à ce « prêteur d'espoir », comme il se définit lui-même. « Les pauvres ne sont pas responsables de leur pauvreté. Ils ne sont ni des incapables ni des fainéants, mais des victimes. C'est la société qui les a faits pauvres », s'emporte-t-il. La conviction de ce professeur d'économie est que « pour créer de la richesse, il faut donner accès au capital ». Et il décide qu'« il faut donner à chacun la possibilité de devenir entrepreneur ». En 1983, il crée la Grameen Bank, qui propose des microcrédits à des individus pour qu'ils créent leur propre activité économique. Cette banque compte aujourd'hui 6 millions de clients – pour beaucoup des femmes – et a prêté 5,7 milliards de dollars dont 98,85 % ont été récupérés. Elle emploie 17 400 salariés et a créé 1 881 agences.

L'entrepreneuriat social dans les grandes écoles

En France, l'école de commerce Essec a créé une chaire d'entrepreneuriat social, tandis que l'école de management Insead a inscrit des cours à son programme. Cependant, la notion même d'entrepreneuriat social fait débat parmi les acteurs de l'économie sociale, les puristes n'acceptant guère l'idée que leurs statuts ne soient pas adoptés.

L'entrepreneuriat social connaît un développement assez fort aux États-Unis, et notamment auprès d'une nouvelle classe de millionnaires née avec Internet. À l'instar de Pierre Omidyar, le fondateur du site de ventes aux enchères eBay, ils soutiennent des entreprises ou des associations ayant un but social, mais en s'assurant que les fonds qu'ils apportent sont utilisés et gérés au mieux. Le mouvement est également puissant en Italie, en particulier dans le secteur de l'insertion.

En Afrique, comme dans de nombreux pays de l'hémisphère sud, les prêts de faible valeur permettent à des femmes de monter une activité économique profitable dans le domaine du commerce.

L'épargne solidaire

Placer son argent, bien sûr. Mais pour qu'il profite aussi aux autres ou encore pour qu'il ne serve pas à financer un marchand d'armes ou un fabricant de cigarettes. Crise aidant, le principe de finances solidaires et éthiques séduit toujours plus de Français. Le principe ? Les établissements financiers proposent des comptes épargne dont les produits financiers seront partagés entre l'épargnant et une grande cause sociale en France ou dans le monde. Ils garantissent aussi aux détenteurs de ces comptes, ou d'autres produits financiers adaptés, une « traçabilité éthique » de leur épargne, investie uniquement dans des fonds boursiers ou obligataires répondant à la morale des affaires.

Avec quels outils ?

En dix ans, l'épargne solidaire a connu un développement sans précédent. On comptait, en 1996, 12 500 pionniers de ces financements altruistes ; les Français sont aujourd'hui plus de 200 000 à confier leurs économies à de tels placements. Dans la même période, le montant des fonds investis a été multiplié par huit. Des 111 millions d'euros collectés en 1996, l'épargne solidaire des Français atteignait en 2005 la somme de 888 millions d'euros. Un Français sur trois dit connaître le principe et presque un sur deux serait prêt à y investir.
Cet engouement va évidemment de pair avec une diversification des offres et une multiplication des possibilités fiscales. Autour du Codevi (compte pour le développement industriel) ou des fonds communs de placement (FCP) en faveur de telle ou telle ONG de solidarité internationale, il existe aujourd'hui des centaines de produits d'épargne solidaire adaptés, d'une part, à la façon dont l'épargnant entend gérer ses fonds, et conçus, d'autre part, selon l'utilisation qui sera faite de ces produits.
On peut ainsi souscrire directement auprès d'associations d'investissement solidaire, comme Autonomie et Solidarité, qui finance des activités d'insertion et de création d'emplois, les clubs Cigale (Clubs d'investisseurs pour une gestion alternative et locale de l'épargne) ou la Nef (Nouvelle économie fraternelle) qui soutiennent l'innovation, ou encore la Sidi (Solidarité internationale pour le développement et l'investissement) qui appuie des projets de développement Nord-Sud.
Le secteur bancaire de l'économie sociale, ainsi que celui de l'assurance, avec des établissements comme le Crédit coopératif, le Crédit mutuel, les Banques populaires ou la Macif, sont évidemment en pointe pour proposer des livrets d'épargne, des fonds communs de placement ou des contrats d'assurance-vie solidaire. Mais devant l'engouement des Français, le secteur bancaire traditionnel s'y met aussi, à travers des fonds communs de placement et des Sicav spécifiques. Des avantages fiscaux mais aussi la mise en place, depuis 2003, de dispositifs autour de l'épargne salariale continuent de dynamiser le système.

Pour financer quoi ?

En France, depuis 1983, selon le collectif Finansol, l'épargne solidaire a permis que 110 000 emplois soient créés ou consolidés, 60 000 projets menés à bien et 6 000 familles aidées, principalement dans le domaine de l'emploi et du logement. En France et dans le monde, depuis cette même date, 4 millions de microcrédits issus des financements solidaires ont pu être accordés à des institutions ou associations dans 94 pays. En 2005, 80 % des 888 millions d'euros collectés ont été affectés à des projets d'insertion en France, à parts égales pour l'emploi et le logement ; 15 % ont financé des initiatives dans les secteurs de l'environnement ou de la culture et 5 % ont soutenu des projets dans les pays du Sud.

Nombre d'épargnants solidaires

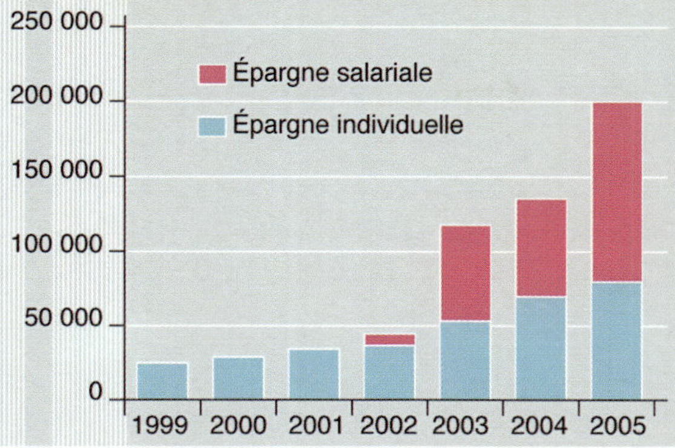

Les secteurs financés

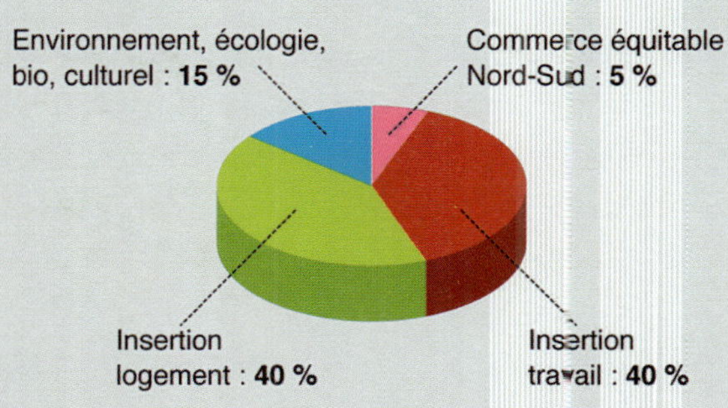

Les deux types d'épargne solidaire

Produits d'investissement solidaire	1 Sur 1 000 € placés en épargne solidaire…	2 …1/10e est investi (soit 100 €)…	3 …pour financer une petite entreprise d'insertion.	4 L'épargnant reçoit une partie des bénéfices.
Produits de partage	1 Avec 1 000 €…	2 …investis de manière socialement responsable…	3 …les intérêts seront de 20 € par an…	4 …dont 5 € seront versés à des organismes choisis par l'épargnant.

Épargne collectée par les principales banques et sociétés de gestion (en millions d'euros)

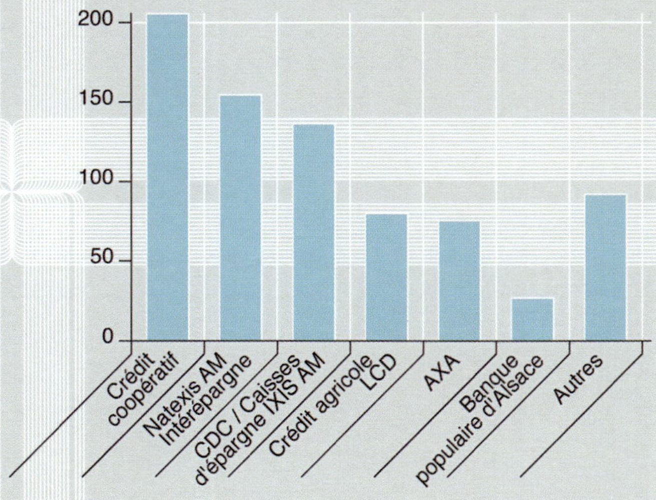

Source : Baromètre des Finances solidaires 2006, Finansol, *La Croix*-Ipsos.

Le label Finansol

Fondé en 1995, le collectif Finansol regroupe, comme son nom l'indique, les principaux acteurs des finances solidaires. Il a mis en place un label qui garantit la transparence, l'éthique et la solidarité des produits d'épargne. Finansol prend en considération aussi bien la transparence de la gestion de l'épargne que l'utilisation qui est faite des produits qu'elle génère. Il publie des guides ainsi qu'un baromètre annuel de l'économie solidaire.

Habitat et Humanisme ou l'art d'utiliser les placements solidaires

En 1985, un prêtre lyonnais, Bernard Devert, crée avec un groupe de bénévoles Habitat et Humanisme. Il ne s'agit pas seulement de loger des gens à la rue ou en grande difficulté, mais de leur permettre d'*habiter*, c'est-à-dire de recréer les conditions de démarrage d'une famille autour du logement. Il s'agit aussi de ne pas recréer des ghettos. Les logements sont en centre-ville ou dans des quartiers équilibrés pour favoriser la mixité sociale car, comme le rappelle le père Devert : « Un quartier homogène est un quartier injuste ! »

Depuis sa création, Habitat et Humanisme, organisé en une fédération qui regroupe 42 associations locales, 10 000 adhérents et donateurs, 1 500 bénévoles et une centaine de salariés, a procuré un logement à 7 000 familles, soit quelque 30 000 personnes. Mais être relogé ne suffit pas, il faut s'insérer dans un quartier, trouver de nouveaux repères… Un accompagnement est nécessaire, assuré par 500 bénévoles.

Très vite, l'association, qui se pense comme un « vecteur de lien social » et non comme un simple pourvoyeur de logements, a intégré l'économie solidaire dans sa démarche. Présente désormais dans une soixantaine de villes, elle achète et réhabilite des logements vacants par l'intermédiaire de sa société de patrimoine, La Foncière, et les met en location modérée, relayée par sept AIVS (agences immobilières à vocation sociale) partenaires. Des logements d'urgence permettent aussi d'accueillir temporairement des familles en situation de crise.

Le capital de la société d'investissement de Habitat et Humanisme est alimenté, à hauteur de 4 millions d'euros par an, par des dons et des placements solidaires. Il est ainsi possible de devenir actionnaire solidaire en achetant des actions de la société Habitat et Humanisme développement ou de la société La Foncière. Ou bien de souscrire aux différentes formes d'épargne solidaire mises en place par l'association en partenariat avec des banques : fonds communs de placement dont un quart des intérêts annuels vont vers l'association, assurance-vie ou livret d'épargne.

Habitat et Humanisme fait partie de l'association Finansol, qui lui délivre des labels pour ses produits financiers.

Le microcrédit : on ne prête pas qu'aux riches

Un jour de 1976, un jeune économiste du Bangladesh, Muhammad Yunus, sortit de sa poche la somme de 27 dollars pour venir en aide à des artisans ruinés. Non pas un don, mais un prêt. Trente ans plus tard, lors de la remise du prix Nobel de la paix qu'on lui décernait à Oslo, le fondateur de la Grameen Bank évoquait l'universalité du principe qu'il avait alors élaboré, héritier des traditionnelles tontines africaines ou asiatiques : « Le capitalisme social, rappelait-il, c'est une entreprise qui réinvestit ses bénéfices au profit de ses clients plutôt que de corser des dividendes à ses actionnaires. » Des dizaines de millions de microcrédits (chacun ne dépassant pas 100 dollars) ont été accordés aux plus pauvres dans le monde, comme peut en témoigner Mosammat Taslima Begum, aujourd'hui membre du conseil d'administration de la Grameen Bank, mais qui a démarré dans l'extrême pauvreté avec un prêt de 20 dollars qui lui a permis d'acheter une chèvre.

Le microcrédit connaît un fort développement en Afrique, en Asie et en Amérique latine. Il permet aujourd'hui à des millions de personnes de vivre de leur travail.

Situation socio-professionnelle

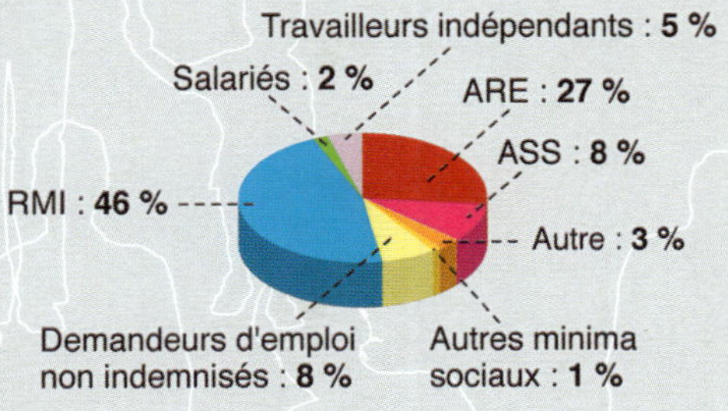

Répartition par niveau de formation

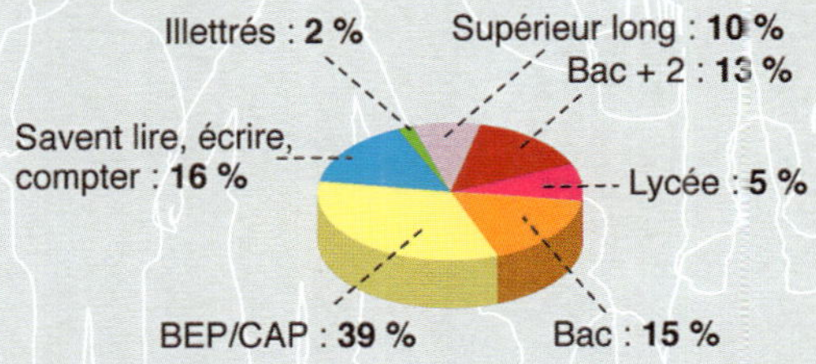

Nombre de prêts solidaires accordés par l'Adie depuis sa création (1990-2005)

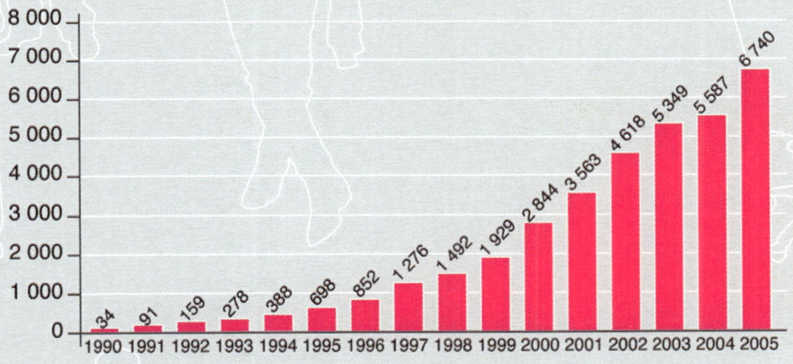

L'Adie : 42 000 emplois créés

Avec la crise, les pays riches ont redécouvert aussi ce volet de l'économie solidaire. Depuis sa création par Maria Nowak, en 1989, l'Adie fournit des prêts solidaires aux exclus du monde du travail et du système bancaire traditionnel pour qu'ils puissent créer leur entreprise. Le bilan, fin 2005, est de 41 000 crédits accordés, 35 000 entreprises créées et 42 000 emplois générés. La clientèle de l'Adie ? À l'image de la France d'aujourd'hui : la population des banlieues, mais surtout du monde rural ; des titulaires de diplômes techniques (39 %), mais aussi des personnes qui savent à peine lire ou compter (18 %) ou des titulaires d'un niveau bac + 2 et au-delà (23 %). Presque un bénéficiaire sur deux est au RMI.

Source : Adie.

3
DES POIDS LOURDS DE L'ÉCONOMIE

L'économie sociale, bien que peu connue, a généré d'éminents acteurs économiques dans notre pays. À commencer par les banques coopératives, qui collectent à elles seules 56 % des dépôts en France. Quant aux mutuelles, santé et assurances confondues, elles couvrent 9 Français sur 10. À côté de ces mastodontes, des entreprises de l'économie sociale révèlent une belle dynamique de croissance en se développant à l'international. Un phénomène toutefois encore exceptionnel.

L'essor des banques coopératives

Premiers banquiers de France

Plus de 60 % de la banque de détail, en France, est sous forme coopérative. Ensemble, le Crédit agricole, les Caisses d'épargne, le Crédit mutuel, le Crédit coopératif et les Banques populaires comptent des dizaines de millions de sociétaires ! Ce sont des coopératives de consommateurs et non de production.

Leur formidable succès s'explique de plusieurs façons. D'abord, par la bancarisation devenue obligatoire et par la mensualisation de la rémunération des salariés. Assez naturellement, les banques coopératives ont accueilli plus facilement les petits salaires que les établissements bancaires classiques. Certaines se sont développées autour de produits spécifiques, comme le livret A des Caisses d'épargne ou le livret bleu du Crédit mutuel, qui ont aidé à financer le logement social.

De même, le fonctionnement sur une logique corporatiste, comme celle du Crédit agricole – la « banque verte » des agriculteurs –, a contribué à fortifier leur assise. De son côté, le Crédit coopératif (membre du groupe Banque populaire) s'est spécialisé dans le service aux personnes morales de l'économie sociale et le développement de l'épargne solidaire, se définissant, comme le souligne Hugues Sibille, son directeur délégué, comme « la banque au cœur des solidarités ».

Une des clés du développement : le réseau

Autre explication de la forte croissance des banques coopératives : l'ancrage local et la solidarité entre les caisses. La création de chaque nouvelle caisse en France résulte d'une initiative locale. Des individus empruntent à d'autres caisses du réseau pour développer leur nouvelle agence. Ainsi, chaque caisse dispose dès le départ d'un compte d'exploitation qu'elle se doit de rendre rentable pour rembourser ses consœurs et contribuer ensuite au développement du réseau, lequel bénéficie d'un effet de masse important. En revanche, les banques coopératives se sont longtemps tenues éloignées des secteurs bancaires les plus lucratifs (introduction en Bourse, fusions-acquisitions, etc.).

Par rapport aux établissements financiers classiques, les banques coopératives ont des échelles de salaire et un niveau de rémunération plus réduit. Elles doivent aussi faire vivre une démocratie interne. À défaut d'être propriétaires du capital, les sociétaires peuvent être codécideurs des orientations stratégiques. Sachant que seulement de 5 % à 8 % d'entre eux se déplacent aux assemblées générales annuelles, ce contrôle est largement délégué aux instances dirigeantes élues par le réseau de caisses. Les banques coopératives se sont en effet très vite organisées, au niveau régional puis au niveau national, sous forme de fédération.

La Bourse : un pas vers la banalisation ?

Le secteur bancaire est aussi le segment de l'économie sociale qui s'est le plus banalisé. Le Crédit agricole, qui a racheté le Crédit lyonnais en 2003, est devenu l'établissement bancaire le plus puissant de France. Mais l'introduction en Bourse de Crédit agricole SA est considérée par beaucoup comme une incohérence par rapport aux valeurs de l'économie sociale. Quant aux Caisses d'épargne, elles ont créé avec les Banques populaires une nouvelle banque de financement et d'investissement, Natixis, qui est cotée en Bourse !

Malgré cette « banalisation », les banques coopératives respectent leur principe de solidarité et mettent en place des services pour les personnes en situation de précarité. Elles se donnent comme objectif, notamment, de lutter contre le surendettement et l'exclusion bancaire.

Les mutuelles protègent 9 Français sur 10

À l'instar des banques coopératives, les mutuelles sont un autre poids lourd de l'économie sociale. Elles protègent les particuliers contre les aléas de la vie, qu'il s'agisse de la santé ou de la protection des personnes, via une série de produits d'assurance, de retraite ou de prévoyance. « Le mutualisme, c'est d'abord une solidarité face au malheur », souligne Dominique Thys, administrateur délégué à la direction générale de la Maif.

Ce secteur n'a cessé de croître puisque 9 Français sur 10 sont aujourd'hui couverts par une mutuelle, mais il est désormais en voie de concentration et de diversification. Il a parfois été marqué dans son histoire par des scandales liés à la mauvaise gestion des fonds et à un grand manque de transparence. Des efforts particuliers ont été menés pour renforcer la gouvernance de ces structures régies par un code spécifique, celui de la mutualité, qui a été, encore récemment, amendé dans ce sens.

Les mutuelles de santé : 38 millions d'adhérents

Si les premières sociétés de secours mutuel sont apparues au XIVe siècle, elles n'ont connu de véritable essor qu'avec la révolution industrielle. Leur développement s'est

Les banques coopératives françaises

Bilan (en milliards d'euros)	
Groupe Banques populaires	289,349
Groupe Crédit coopératif	9,23
Groupe Caisse d'épargne	594,1
Groupe Crédit agricole	1170,3 (2)
Groupe Crédit mutuel	436,390 (3)

Sociétaires	
Groupe Banques populaires	3 millions
Groupe Crédit coopératif	30 813
Groupe Caisse d'épargne	3 100 000
Groupe Crédit agricole	5 700 000*
Groupe Crédit mutuel	6 700 000

* Pour l'ensemble des caisses régionales.

Salariés	
Groupe Banques populaires	45 530
Groupe Crédit coopératif	1 650
Groupe Caisse d'épargne	55 000
Groupe Crédit agricole	134 000
Groupe Crédit mutuel	57 000

Clients	
Groupe Banques populaires	6,8 millions
Groupe Crédit coopératif	230 000
Groupe Caisse d'épargne	26 millions
Groupe Crédit agricole	21 millions
Groupe Crédit mutuel	14,2 millions

Sources : Fédérations coopératives 2005.
Le groupe Crédit coopératif est membre du groupe Banque populaire depuis fin janvier 2003.

Les banques coopératives européennes (chiffres fin 2003)

Dépôts et parts de marché dans le secteur bancaire de chaque pays (en pourcentage)	
Allemagne	21,0 %
Autriche	32,5 %
Chypre	22,0 %
Espagne	5,0 %
Finlande	32 %
France	60,0 %
Grande-Bretagne	2,0 %
Grèce	1,0 %
Hongrie	15,0 %
Irlande	6,5 %
Italie	21,0 %
Luxembourg	10,0 %
Pays-Bas	38,0 %
Pologne	8,5 %
Portugal	5,0 %
Belgique, Suède, Danemark	très faible (non communiqué)

Source : GNC.

négocié petit à petit au gré des politiques gouvernementales. L'État a en effet institutionnalisé un certain nombre de protections sociales, comme la Sécurité sociale, en 1945, ou, plus récemment, la couverture maladie universelle (CMU), face auxquelles il leur a fallu se positionner.

Aujourd'hui, la Fédération nationale de la Mutualité française (FNMF) regroupe 2 088 mutuelles – la quasi-totalité des mutuelles de santé –, qui étaient 5 000 il y a six ans. Elles protègent 38 millions de personnes. La Mutuelle générale de l'Éducation nationale (MGEN), qui vient en tête, couvre à elle seule 2 850 000 mutualistes. L'absence de taille critique, des problèmes de gestion pour certaines et l'obligation, pour 2007, d'avoir un fonds minimum de garantie devraient encore en accélérer la concentration.

Un principe de non-discrimination

Dans le domaine de la santé, les mutuelles effectuent la part la plus importante des remboursements complémentaires de protection sociale. Elles gèrent aussi des œuvres sanitaires et sociales telles que des hôpitaux. Le déficit toujours important de la Sécurité sociale les oblige à prendre davantage de prestations en charge, ce qui n'est pas sans coût. Elles se distinguent en ne pratiquant pas de sélection de leurs adhérents en fonction de leurs dossiers médicaux.

De plus en plus, elles tendent à jouer un rôle d'intermédiaire entre les patients et les professionnels de la santé, en orientant les premiers vers des structures dont elles sont partenaires.

Les mutuelles d'assurances : 17 millions d'adhérents

De son côté, le Groupement des entreprises mutuelles d'assurances (Gema) fédère 18 mutuelles qui protègent 17 millions d'assurés. « Quand la Macif, la Maif ou la Maaf ont été créées, elles ont contribué à moraliser des pratiques mercantiles et à faire diminuer les primes d'assurance », rappelle Alain Philippe, président de la Fondation Macif.

Ici aussi, la concentration est de mise. Ainsi, le rapprochement d'Azur-GMF et de MMA-Maaf pour les activités de dommages en a fait l'un des tout premiers assureurs pour les particuliers (avec Axa, Groupama-Gan et Macif).

Le Gema est aujourd'hui courtisé par la Fédération française des sociétés d'assurances (FFSA) qui envisageraient volontiers une fusion leur permettant de faire le poids dans le lobbying avec les pouvoirs publics et de mieux représenter les intérêts de leur métier. Un texte de loi sur trois, en effet, concernerait les assureurs. Plutôt enclin à résister à l'idée d'un rapprochement, le Gema a récemment modifié ses statuts pour

Évolution du nombre d'adhérents aux sociétés de secours mutuel et de leurs réserves, en France, entre 1870 et 1905.

NOMBRE DE MUTUALISTES

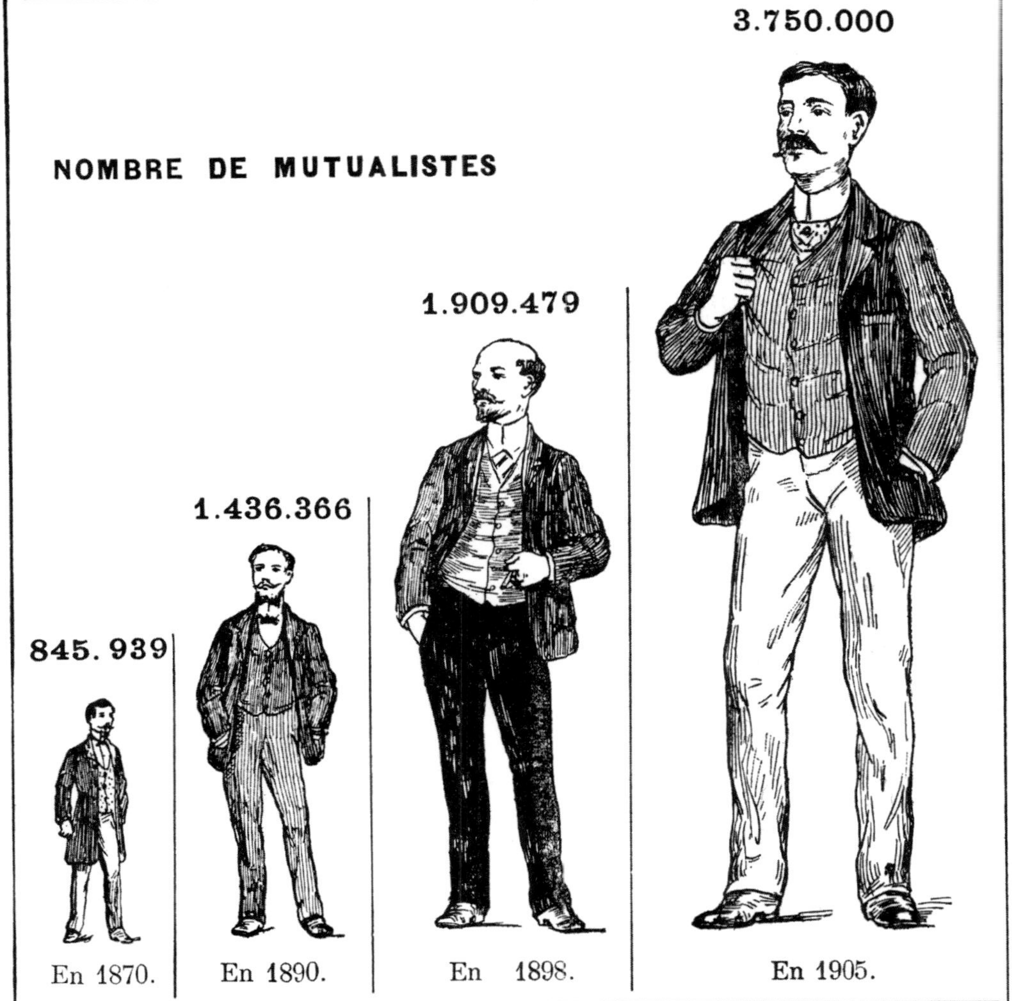

FORTUNE DES SOCIÉTÉS DE SECOURS MUTUELS

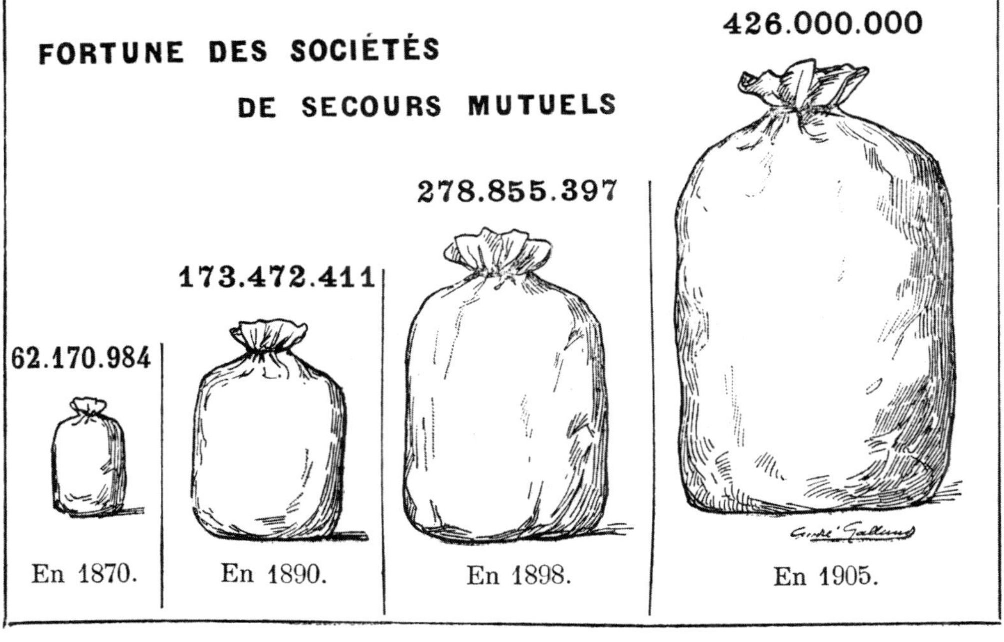

accueillir de nouveaux membres. « Nous avons des manières de faire qui nous sont propres, et nous tenons à les conserver », explique Dominique Thys, administrateur délégué de la Maif.

Des sociétés de personnes et non de capitaux

L'une des principales caractéristiques des mutuelles est d'être à but non lucratif. Cela ne les empêche pas de dégager des excédents qui servent à investir, à constituer des fonds propres ou à consentir des ristournes aux sociétaires par remboursement sur l'exercice excédentaire. Dans le secteur très concurrentiel de l'assurance, ces sociétés de personnes, qui se sont constituées en fonction d'un territoire ou bien de la profession et des spécificités de leurs usagers (enseignants, motards, commerçants...), sont parmi celles qui tentent le plus de faire connaître le message de l'économie sociale pour mieux se différencier. Ainsi, la Maif n'hésite pas à multiplier les campagnes de publicité, se présentant comme un « assureur militant » . La Matmut mise toute sa communication sur la stabilité des tarifs de son assurance auto, montrant par là que l'amélioration des conditions de sécurité routière peut bénéficier au plus grand nombre.

C'est aussi dans la mutuelle que la notion de solidarité prend tout son sens. Tous les sociétaires sont en effet solidaires en cas de désastre. Comme pour beaucoup de structures de l'économie sociale, la règle veut que chaque adhérent mutualiste ait voix au chapitre. Les tarifs, par exemple, sont votés chaque année en assemblée générale. Mais beaucoup d'adhérents ignorent la règle de gestion démocratique interne. Or « la relation d'un sociétaire avec sa mutuelle n'est pas une relation de propriété mais de pouvoir », rappelle volontiers Jacques Vandier, fondateur de la Macif.

Créée par des commerçants et dirigeants de PME de la région de Niort, la Macif compte aujourd'hui 4,6 millions de sociétaires et réalise plus de 4,7 milliards d'euros de chiffre d'affaires. Afin de faire vivre la démocratie interne, elle s'est organisée en 11 régions qui élisent des délégués régionaux puis nationaux. Ces derniers élisent à leur tour un conseil d'administration qui choisit un président. De son côté, la Maif (2,5 millions de sociétaires) fait élire 750 sociétaires qui participeront à l'assemblée générale et donneront leur avis.

Dans un secteur de plus en plus concentré, les mutuelles cherchent de nouvelles voies de développement. Elles s'ouvrent davantage à des adhérents qui ne sont pas leur cible d'origine et développent de nouveaux produits en s'associant aux banques coopératives.

La Mutualité française, porte-parole de 38 millions de Français face à la santé

Regroupant la majorité des mutuelles de santé en France, la Mutualité, premier mouvement social de France par son ancienneté et son ampleur, est aux premières loges pour discerner les dysfonctionnements de la société. Pour Jean-Pierre Davant, son président, « celle-ci est en perpétuel mouvement alors que les inégalités s'accroissent. L'accès de tous à un système de santé de qualité reste l'objectif principal de la Mutualité française ». Selon la fédération, le système actuel ne permet pas cet objectif. Aussi, « fort d'une pratique dans les 2 500 établissements gérés par la Mutualité française, explique encore son président, le regroupement interpelle régulièrement les pouvoirs publics pour initier une réflexion commune autour du parcours de santé idéal qui permettrait un accès aux soins en toute connaissance de cause ». Mais il s'agit également, alors que les Français sont de moins en moins égaux devant les questions de santé, de définir des processus valables pour tous et concernant la prévention, le dépistage, le diagnostic, les soins et l'accompagnement de la personne malade et de sa famille.

Des associations en forte croissance

Les mutuelles de santé	
Sociétés	2 200
Salariés	55 000
Adhérents	38 millions d'euros
Poids économique	18,8 milliards d'euros

Les mutuelles d'assurance	
Sociétés	41
Salariés	33 000
Adhérents	24 millions d'euros
Poids économique	18 milliards d'euros

Source : FNMF, Gema, chiffres 2005.

Du fait de leur réussite économique, les mutuelles sont un moteur puissant de développement de l'économie sociale. Non seulement elles participent au financement de nouvelles entités, mais elles entendent contribuer à la création de nouvelles activités.

Un développement à l'international

À l'exception du Crédit agricole, les banques coopératives ne connaissent qu'un faible développement à l'international. Parmi les rares exemples de coopératives de production qui ont réussi leur développement international, les plus connus sont le groupe Acome et le groupe Chèque Déjeuner, en France, et Mondragón Corporación Cooperativa, au Pays basque espagnol.

Il arrive que ce développement se fasse au prix du statut de la coopérative, qui est souvent difficile à reproduire à l'étranger, et passe par la création de filiales capitalistiques.

Leader dans le domaine des câbles, le groupe Acome est également parvenu à se développer à l'international. Il compte trois usines de production en Normandie et en a implanté deux en Chine, en 1999 et 2003 en *joint-venture* (association) avec une société chinoise – ce qui leur donne une certaine légitimité locale – et une au Brésil. Il emploie 1 250 personnes et réalise un chiffre d'affaires de 236 millions d'euros, réparti pour 50 % dans les télécommunications, 40 % dans les équipements électriques et 10 % dans le bâtiment. Ce qui en fait la première scop de France.

En République tchèque, le groupe Téréos est leader, avec 37 % des parts du marché et une production annuelle de 190 000 tonnes de sucre. Ci-contre, l'usine Cukrovary TTD. Le groupe Téréos, avec 4 400 salariés et 14 000 adhérents, est le premier sucrier français et le quatrième mondial, notamment après son implantation au Brésil et le rachat du groupe Beghin-Say, en 2003. L'entreprise diversifie ses métiers (production de biocarburants) et ses implantations : Réunion, Mozambique... et envisage une introduction en Bourse.

Le sucre blanc, dit de premier jet, est séparé et lavé par pulvérisation de vapeur et ensuite séché.

Le Groupe Chèque Déjeuner

Face à Accor et à Sodehxo, les deux géants du secteur de la restauration, le groupe Chèque Déjeuner fait figure de lilliputien. Il est pourtant aujourd'hui le troisième acteur mondial dans le secteur de l'émission de titres. Cette scop est née en 1964, peu après l'apparition du titre restaurant en France, lorsque le secteur n'était encore occupé que par Chèque Restaurant et Ticket Restaurant. Ce concept, venu d'Angleterre, consiste à offrir une meilleure alimentation aux salariés d'entreprises qui ne disposent pas d'une cantine.

La petite coopérative fondée par un ancien syndicaliste, Georges Rino, a pris son véritable essor avec l'ordonnance de 1967 qui accorde à l'employeur une exonération des charges sociales et fiscales sur une partie de la somme de chaque titre, le salarié n'en payant que la moitié.

Grandir ou disparaître

Son expansion a été une question de survie face à des concurrents aux moyens puissants. En 1995, Chèque Déjeuner joue la carte de la diversification, en produits et en lieux d'implantation : émission de nouveaux titres (chèques disque, culture, services, domicile...) et création de filiales à l'étranger. Il devient le Groupe Chèque Déjeuner. Question de survie.

« Mais cela a été très difficile, se souvient Jacques Landriot, son P-DG. Il a fallu verser moins de participation, prendre beaucoup de provisions, faire de la pédagogie en interne. » En fixant la stratégie sur l'Europe, le groupe a choisi une politique à la mesure de ses moyens qui se révèle payante aujourd'hui. Il a toutefois fallu faire l'impasse sur d'autres zones, comme l'Amérique du Sud, où désormais les places sont prises.

Le développement international est rendu complexe par le lobbying important que les entreprises du secteur doivent faire auprès des gouvernements étrangers pour qu'une loi autorise une déduction fiscale sur les titres restaurant. Dans chaque nouveau pays – Italie, Espagne, République tchèque, Slovaquie, Hongrie, Pologne, Roumanie, Bulgarie –, le Groupe Chèque Déjeuner a créé des sociétés anonymes traditionnelles, filiales de la coopérative. Il a parfois acquis des concurrents et a notamment réalisé sa plus importante acquisition en Roumanie, où il émet désormais plus de 300 000 chèques. Avec 1 160 collaborateurs, dont 724 en France, il produit 437,4 millions de titres dont 227,4 millions en France, et réalise un chiffre d'affaires de 152,1 millions d'euros. Ses projets de développement en cours concernent les pays Baltes, la Croatie et le Maroc.

Le groupe a également créé une fondation et a développé un pôle services avec diverses sociétés. Il reste très attaché aux valeurs coopératives, qui sont transmises à tout nouveau salarié au cours d'une formation « vivre l'entreprise coopérative ».

Titres émis : 437,4 millions

Titres émis	
Nombres de titres à l'international	210 millions
Nombres de titres en France*	227,4 millions
Total	437,4 millions

*Titres émis en France	
Chèque déjeuner	193,4 millions
Le chèque CADHOC	20,4 millions
Chèque livre-disque-culture	7,4 millions
Chèque domicile	3,3 millions
Chèque de services (devient chèque emploi service universel en 2006)	2,9 millions

Chiffre d'affaires en euros

Utilisateurs : 12,8 millions

Des entreprises qui s'internationalisent

Mondragón Corporación Cooperativa (MCC)

En Europe, c'est le groupe coopératif espagnol Mondragón qui s'est le plus développé à l'international. Il représente le plus important groupement d'activités relevant de l'économie sociale.

Un fondateur charismatique

Il est né sous l'impulsion d'un jeune prêtre basque, José María Arizmendiarrieta, bien décidé à aider au développement d'une ville marquée par la guerre civile, Mondragón. L'école d'enseignement technique qu'il crée en 1943 fournit la main-d'œuvre et les cadres de la première coopérative de la ville, Ulgor, créée en 1956, qui fabrique des fourneaux et des réchauds à pétrole. Malgré le régime franquiste, rétif à l'économie sociale, la coopérative se développe, unie dans la résistance au fascisme – la langue basque continue d'y être parlée alors même qu'elle est interdite. Elle crée mutuelle et banque coopérative, la Caja Laboral, pour finir par devenir un véritable groupe dans les années 1980 marquées par l'entrée de l'Espagne dans l'Union européenne. Mondragón Corporación Cooperativa (MCC) naît en 1991 et se développe avec des activités dans la construction, les machines-outils, l'électroménager, la distribution. Il investit aussi dans la formation (avec une université) et la recherche.

Il se déploie sur trois grands secteurs : financier (une banque et un système de protection sociale : assurance retraite et couverture maladie), industriel (152 entreprises dans l'automobile, les machines-outils, l'électroménager, etc.) et de distribution (hypermarchés Eroski, Eroski Voyages, Forum sport, agroalimentaire, élevage, restauration d'entreprise…) sans oublier les activités corporatives (une université de plus de 5 000 étudiants).

Leader en Espagne et en France

C'est aujourd'hui le septième groupe industriel espagnol avec, à la fin 2005, plus de 22,9 milliards d'euros de chiffre d'affaires, 78 455 salariés, 264 entités implantées en Espagne et la création de sites de production dans quatorze pays étrangers. Il est ainsi présent en Allemagne, au Brésil, en Chine, en France, en Grande-Bretagne, en Inde, en Italie, au Maroc, au Mexique, en Pologne, en République tchèque, en Roumanie, en Thaïlande et en Turquie.

MCC n'est leader que sur les marchés espagnols et français, et il représente 6 % du marché européen. Or il lui faudrait atteindre les 10 %. C'est pour accéder à la taille critique indispensable face aux grands groupes européens que Mondragón Corporación Cooperativa a racheté Brandt. Et qu'il investit 50 % de ses investissements dans la recherche et le développement. Un développement qui repose sur l'innovation et passe par l'internationalisation, avec toujours le souci de la communication et de l'information au sein de l'entreprise via e-MCC.

La permanence des valeurs

Cette expansion a été rendue possible par la très forte solidarité qui existe entre les entreprises du groupe, qui s'aident mutuellement via un fonds interentreprises et par la vision d'une direction, élue chaque année par un congrès annuel des représentants de toutes les entités.

Le groupe fonctionne sur des valeurs coopérativistes très fortes : ainsi son refus d'être coté en Bourse, ou encore l'éventail des salaires : dans un rapport de 1 à 3 aux débuts de l'entreprise, il est aujourd'hui de 1 à 5 et, pour quelques cas, de 1 à 8 ! Les salaires des cadres sont inférieurs de 30 % à ceux du secteur marchand tandis que ceux des ouvriers leur sont supérieurs de 15 %. Il existe une culture Mondragón, transmise d'une génération à l'autre, qui privilégie toujours l'intérêt collectif sur le particulier.

Évolution du nombre de salariés

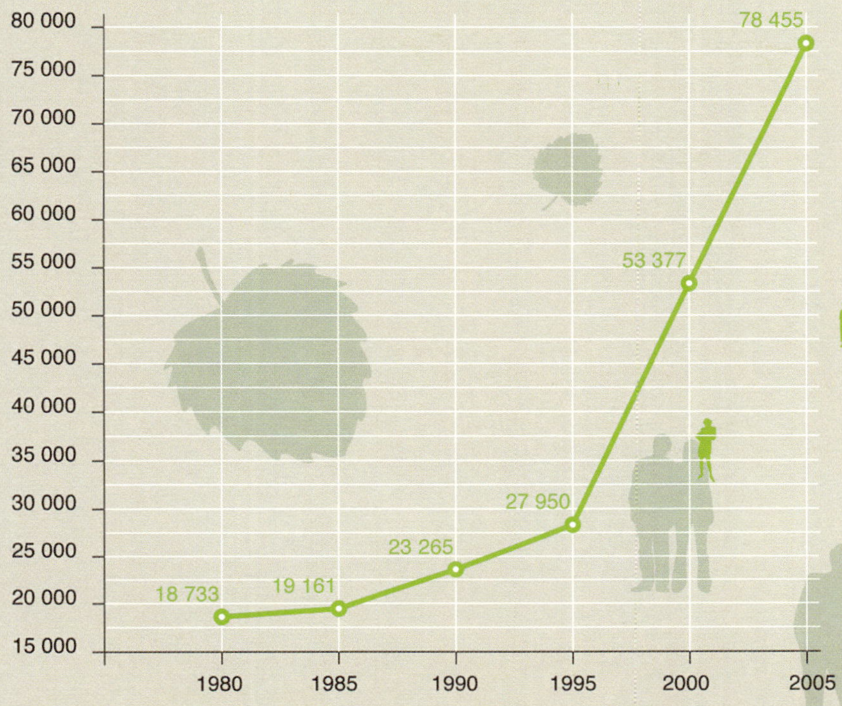

Distribution de l'emploi en Espagne par communautés

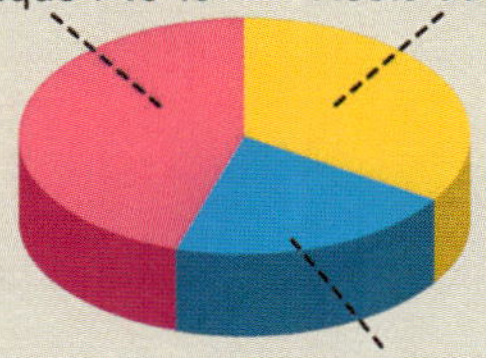

Emploi généré par MCC en Espagne **64 250**

Distribution de l'emploi par activités

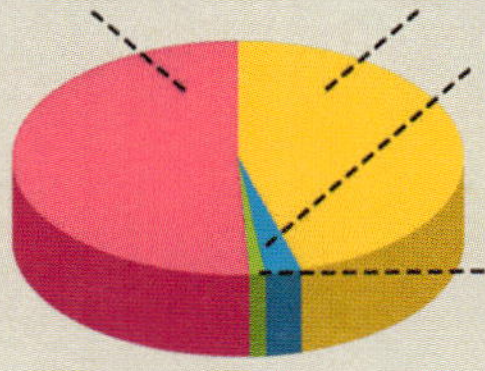

Total des postes de travail (PT) **78 455**

4

UNE SOLIDARITÉ AUX FORMES MULTIPLES

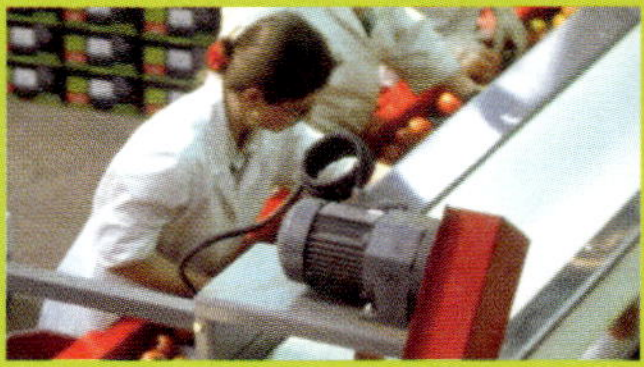

Les organisations de l'économie sociale sont souvent nées pour pallier les manquements du secteur privé ou de l'État. L'insertion de personnes marginalisées, malades, handicapées, sans emploi ou sans logement a conduit à l'émergence d'une économie de réparation, qu'on appelle souvent aujourd'hui économie solidaire. Mais la solidarité s'est également exprimée entre professionnels avec la création de coopératives qui ont défendu et organisé différentes branches de l'économie, notamment l'agriculture, la pêche, le commerce. Aujourd'hui, elle trouve une expression nouvelle avec le développement durable.

Une économie de réparation

Des associations très actives et efficaces sont nées de ce désir de « réparer » : les Restos du cœur, Droit au logement (Dal), Emmaüs luttent contre la pauvreté et la précarité. Si beaucoup d'associations mènent leur propre combat, sans forcément bénéficier de l'aide des pouvoirs publics, d'autres peuvent nouer des coopérations beaucoup plus étroites (subventions, emplois aidés) et même recevoir des délégations de service public pour accomplir des tâches que l'État ne peut ou ne veut gérer lui-même.

C'est le cas, par exemple, des associations familiales qui défendent les droits de la famille. Elles sont regroupées au niveau départemental puis national. Ainsi l'Union nationale des associations familiales (Unaf) représente les familles auprès des pouvoirs publics. Leurs représentants sont délégués auprès de diverses instances sociales, comme les caisses d'allocations familiales, l'office HLM, la caisse primaire d'assurance maladie, les établissements de santé. Ces associations peuvent ester en justice au nom des familles. Les unions ont été constituées par le législateur, qui a défini les missions de représentation et de gestion des services à rendre aux familles. Elles gèrent également certains services délégués par les pouvoirs publics, comme les tutelles des majeurs protégés mais aussi les tutelles aux prestations sociales, afin que celles-ci soient bien utilisées comme prévu. « C'est un mécanisme d'accompagnement budgétaire et social », explique Xavier Caro, directeur général de l'Union départementale des associations familiales (Udaf) de Paris. En caricaturant, cela évite que l'allocation scolaire ne passe dans les jeux de hasard.

Les associations familiales proposent aussi des services comme des haltes-garderies, ou de la médiation familiale « pour dépassionner la question de la garde d'enfant, par exemple », et aider les parents en conflit à assumer leurs responsabilités. Des procédures de rétablissement personnel ont été élaborées, à l'initiative des lois Borloo, pour sortir d'une situation de surendettement.

Les coopératives : la force du groupe

De leur côté, les coopératives ont permis à des catégories professionnelles d'unir leurs forces alors que leur métier est soumis à de rudes aléas, comme cela a été le cas dans l'agriculture ou dans la pêche. La mise en commun de moyens a permis de mutualiser les efforts et d'améliorer la production et la commercialisation des produits. Les premières expériences en France remontent au XIIIe siècle, avec les fruitières du Jura et de Franche-Comté qui ont organisé la collecte de lait. C'est la grave crise du phylloxéra (une maladie qui touche la vigne), à la fin du XIXe siècle, qui va faire se rapprocher les syndicats agricoles, représentant à l'époque des coopératives d'achat. En se prêtant de l'argent, ils vont à la fois financer la création de coopératives de production mais aussi de caisses solidaires locales qui formeront le socle de ce qui deviendra le Crédit agricole.

L'empreinte agricole reste très forte dans le monde coopératif et est représentée par la Confédération des coop de France. Bien que d'une influence moindre, les coopératives maritimes ont une histoire un peu similaire : c'est pour acheter des appâts à de meilleures conditions que les pêcheurs se sont d'abord unis. Petit à petit, ils se sont organisés sur l'ensemble de la chaîne : achat d'équipement et de bateaux, transformation du poisson, congélation, et même parfois restaurants !

Globalement, beaucoup de professions qui se sont senties menacées ont éprouvé le besoin de s'organiser et ont eu recours à la forme coopérative, que ce soient les artisans, les commerçants ou les transporteurs.

Les fondations : pour une aide ciblée

Le panorama du monde solidaire ne serait pas complet si l'on n'évoquait pas les fondations. Elles sont au nombre de 2 100 en France. Par rapport à une association, qui est un groupement de personnes, la fondation rassemble des biens qui sont affectés à une mission spécifique clairement définie, d'intérêt général et à but non lucratif.

On distingue les fondations reconnues d'utilité publique et celles créées par des entreprises. Parmi les premières, la Fondation de France est née en 1969, avec pour objectif de dynamiser le mécénat dans le but de concrétiser des projets à caractère philanthropique, éducatif, scientifique, social ou culturel. Comme l'Institut de France, elle gère des petites fondations – dites « sous égide » – placées dans son orbite, qui n'ont pas de personnalité morale, donc pas de salariés. Elle en abrite aujourd'hui 571.

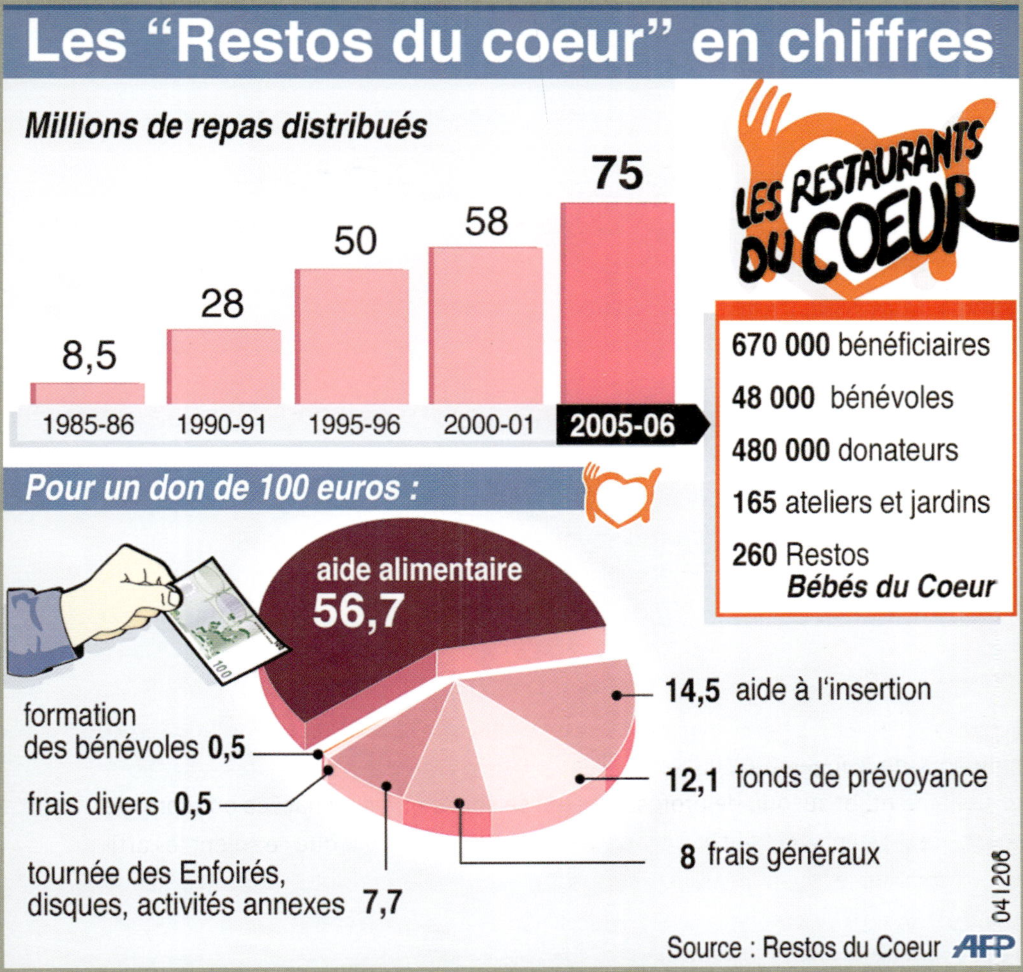

C'est l'une des associations les mieux connues des Français, celle à laquelle ils accordent à plus de 85 % leur confiance. Lancée par Coluche en 1985, l'idée est de puiser dans les stocks alimentaires européens pour nourrir ceux qui n'ont plus les moyens de subvenir à leurs besoins. La plupart des personnes aidées ont des ressources souvent inférieures à la moitié des minima sociaux, qui atteignent environ 600 euros. Ce sont des personnes exclues, en très grande précarité, et qui viennent de tous les milieux. On y rencontre des sans-domicile-fixe, des étrangers venus de pays qui ont connu la guerre, comme la Tchétchénie ou l'Afghanistan, des personnes qui ont besoin d'un suivi psychiatrique. Beaucoup ne sont pas en relation avec les services sociaux français et les bénévoles des Restos du cœur aident à les réintroduire dans les circuits. Près de 40 % des personnes venues à eux sont parvenues à se réinsérer.

Parmi les fondations d'entreprises, la Fondation Macif a été créée pour financer et accompagner des projets d'économie sociale générateurs d'emplois pérennes. Celle du Groupe Chèque Déjeuner a axé sa mission sur l'emploi de proximité, la lutte contre l'illettrisme et l'accès à la culture. Celle du Crédit coopératif a mis en place le prix et le trophée de l'Initiative pour récompenser chaque année des réalisations exemplaires dans les domaines économique, technologique, social ou culturel.

En 2003, les fondations de l'économie sociale se sont rassemblées en une Association des fondations de l'économie sociale (Asfondes), placée sous l'égide du Ceges, le Conseil des entreprises, employeurs et groupements de l'économie sociale, alors que, sous l'impulsion de la Fondation de France, était créé le Centre français des fondations, qui rassemble des fondations de toutes origines et se veut une plate-forme d'information, de conseil et de représentation auprès des pouvoirs publics.

La solidarité Nord-Sud : le champ des ONG

Le périmètre de l'économie sociale dépasse largement le cadre national. Depuis de nombreuses années, des ONG se sont mises en place pour « agir contre les inégalités Nord-Sud », explique Cécile Zieglé, chargée de mission à Coordination Sud. Très implantées dans les pays en voie de développement, ces ONG travaillent de plus en plus avec les ONG du Sud et recourent aussi à l'envoi de volontaires expatriés.

Les ONG sont des associations loi 1901 qui n'ont pas d'autre statut plus spécifique. Certaines ne travaillent qu'en France, mais la plupart ont un champ d'action international. Les plus importantes – environ 140 – sont regroupées au sein de Coordination Sud, comme le Comité catholique contre la faim et pour le développement (CCFD), Médecins du Monde, Handicap international, Action contre la faim. Ce sont sans doute les organisations de l'économie sociale les mieux connues du grand public, avec les associations locales de lutte contre la précarité en France.

Leur champ d'intervention est extrêmement vaste puisqu'il s'étend de la défense des droits de l'homme à l'environnement, en passant par le développement. « Les ONG sont assez impliquées dans de nouvelles expériences qui permettent de diffuser des modèles alternatifs. C'est vrai pour les finances solidaires, très soutenues aujourd'hui, mais aussi pour le commerce équitable ou l'économie solidaire », explique Henri Rouillé d'Orfeuil, président de Coordination Sud.

Fin 2006, la Fondation Crédit coopératif a remis le 1er prix et le trophée de l'initiative en économie sociale à la compagnie théâtrale niçoise Miranda, pour son action « catharsis au collège ». Il s'agit, grâce aux techniques du théâtre, d'amener les élèves à exprimer ce qu'ils vivent – qui sera ensuite traduit par les comédiens dans des saynètes – et d'ouvrir dialogue et rencontre avec des personnes ressources.

Secteurs d'activité des fondations	
Action sociale et humanitaire	22 %
Santé	15 %
Sports et loisirs	2 %
Environnement	4 %
Sciences	6 %
Enseignement	13 %
Arts et culture	21 %
Autres	17 %

Source : enquête Fondation de France, 2005.

En termes de salariat, c'est un tout petit secteur, puisque les associations regroupées dans Coordination Sud ne comptent que 2 000 salariés en France et 3 000 sur le terrain. Très fragiles financièrement, les ONG sont souvent financées par des institutions (ministère des Affaires étrangères, Commission européenne), des dons de particuliers ou d'entreprises, et bénéficient aussi d'emplois aidés.

L'association Emmaüs, fondée par l'abbé Pierre, base son économie sur la récupération. À la collecte des métaux des années 1950 répond, un demi-siècle plus tard, celle des téléphones portables usagés, dont la batterie et les composants électroniques contiennent des métaux rares.

Commerce équitable et développement durable

Depuis quelques années, on voit émerger un nouveau secteur marchand, celui du commerce équitable. L'objectif est de donner aux petits producteurs des pays du Sud (agriculteurs ou artisans) des revenus convenables à leur développement, mais aussi de permettre un engagement des acheteurs des pays du Nord. Alternative au « commerce déshumanisant », le commerce équitable se veut une forme d'éducation au développement à travers des relations culturelles qui dépassent la simple démarche commerciale. L'organisation Max Havelaar accorde son label aux produits qui répondent à ces critères. En particulier pour la vente de café et de bananes. À lui seul, le café représente aujourd'hui 6 % des ventes de ce secteur. Max Havelaar ne vend ni n'achète, mais l'obtention de son label donne une garantie et une visibilité aux produits distribués. Les Magasins du Monde Oxfam, par exemple, ont une stratégie différente. Ils font du commerce en important des produits de pays en voie de développement et en les vendant sous la marque Oxfam Fair Trade dans leurs magasins et dans la distribution traditionnelle. « Quand on fait du commerce équitable, on le fait dans une relation de transparence, avec un prix minimum garanti. La relation commerciale repose sur le respect des droits sociaux et les produits peuvent être tracés », explique Stéphane Comar, l'un des fondateurs de la société coopérative de production Éthiquable. C'est le bien-être de l'individu et la pérennité d'une agriculture qui sont privilégiés.

De l'équitable à l'éthique

La distribution des produits du commerce équitable se fait souvent encore de façon artisanale, faute de moyens. L'un des grands de la distribution, les centres Leclerc, s'y est pourtant associé depuis 1994. Trois ans plus tard, il défendait également le commerce éthique, qui se fait avec des producteurs locaux qui respectent les normes sociales (pas de travail des enfants, par exemple). Les centres Leclerc se sont engagés à réaliser des audits sociaux chez leurs fournisseurs du Sud afin de s'assurer que les produits

En Afrique du Sud, dans la province du Natal, cette coopérative artisanale qui fabrique des chapeaux en sisal doit son existence à un soutien financier fondé sur le microcrédit.

étaient fabriqués dans des conditions compatibles avec ce que demande l'Organisation internationale du travail. Aujourd'hui, 20 millions d'euros de son chiffre d'affaires sont réalisés avec des produits du commerce équitable, sur un total de 30 milliards d'euros, généré par 560 magasins. « Nous avons un effet de levier, souligne Charles Ly Wa Hoi, directeur qualité Leclerc. On peut aider à faire du volume, mais aussi apporter des compétences marketing. »

Le fait que les centres Leclerc soient pionniers dans la distribution de ce type de produits est sans doute lié à leur statut de coopérative de consommation. Ils sont en effet issus de l'économie sociale dont ils représentent l'un des grands succès. Ce réseau d'indépendants regroupe 500 distributeurs. Michel-Édouard Leclerc est le président de l'association des centres distributeurs Leclerc, qui élabore la stratégie de la coopérative, avec la fameuse règle « une personne, une voix ». Mais chaque magasin représente un centre de profit.

Solidaire des générations futures

Le commerce équitable s'inscrit dans la mouvance du développement durable, qui entend concilier développement économique et préservation de l'environnement. Un concept qui a émergé lors du sommet de la Terre de Rio, organisé en 1992 par les Nations unies. L'idée est d'être solidaire avec les générations futures, d'associer la société dans son ensemble à une réflexion démocratique sur le sujet, de développer des initiatives qui protègent à la fois la planète et permettent un développement économique harmonieux pour tous. Pour Frédéric Tiberghien, ex-délégué interministériel à l'Innovation, à l'Expérimentation sociale et à l'Économie sociale, « l'économie sociale s'inscrit bien dans le développement durable en accompagnant des créateurs développant leur projet d'entreprise dans un cadre collectif, avec des outils financiers et une gouvernance spécifiques qui privilégient l'intérêt des générations futures ».

La coopération est très présente dans le secteur agricole et concerne 9 exploitations sur 10. Ces coopératives représentent, en 2006, un chiffre d'affaires de 7 milliards d'euros, dont les trois quarts sont réalisés par 10 % d'entreprises. Ainsi, Saveol, premier producteur français de tomates, regroupe plusieurs coopératives maraîchères de l'Ouest de la France (150 maraîchers), génère 2 000 emplois et réalise 123 millions d'euros de chiffre d'affaires.

L'économie solidaire revendique sa place

L'émergence du solidaire

Au sein du monde de l'économie sociale, il existe une tension, qui se fait de plus en plus vive, et qui vise la place faite à l'économie solidaire. L'économie sociale, avec ses statuts, ses valeurs, son histoire, se voit comme une force économique qui a ses caractéristiques propres dans l'économie de marché, mais dont toutes les actions et les organisations ne tournent pas forcément autour du thème de la réparation.
Or tout un pan de l'économie sociale se réclame justement du concept d'économie solidaire. Ce sont notamment les associations, les entreprises adaptées aux personnes handicapées et les organisations qui se sont spécialisées dans l'éducation populaire, le recyclage, l'insertion par l'activité économique, le commerce équitable...
L'économie solidaire est un mouvement regroupant des milliers d'initiatives locales – qui n'utilisent pas nécessairement les statuts de l'économie sociale – par lesquelles sont offerts des services à des personnes aux revenus modestes, des emplois aux exclus. Elle est présentée comme fille de deux longues traditions : celle du mouvement ouvrier et celle de l'économie sociale. Mais elle cherche sa propre voie, et avec de plus en plus de force. Elle représente aujourd'hui 816 000 salariés et 10 000 entreprises.

Un facteur de cohésion sociale

Lancé à l'initiative du collectif S'investir, un Manifeste de l'économie solidaire a été signé fin 2006 par des milliers de sympathisants. Un meeting a réuni des centaines de personnes en décembre 2006 au palais de la Mutualité, à Paris, pour lancer ce chantier. Son objectif : dix propositions concrètes pour doubler le champ de l'économie solidaire en cinq ans afin de renforcer l'emploi, la cohésion sociale et la démocratie participative.
Partant du constat que ces activités restent dispersées et marginalisées, qu'elles constituent un tiers secteur hétérogène, Claude Alphandéry, président du Conseil national de l'insertion par l'activité économique, estime qu'il importe de braquer le projecteur sur elles et de montrer qu'elles « constituent un mouvement collectif de transformation de la société » et qu' « il faut donner au tiers secteur une place entière dans l'économie ». Des pistes sont avancées : il faut pouvoir mesurer l'impact de l'économie solidaire sur la cohésion sociale, l'emploi et l'environnement. De même, les mécanismes de financement doivent être simplifiés et améliorés, la nature et l'emploi des appuis recherchés (subventions, aides de l'État) doivent être justifiés. « Il ne s'agit pas d'un coût mais d'un investissement, nous fabriquons le capital social à venir ! » assure Claude Alphandéry, qui voit dans l'économie solidaire se renouveler les valeurs de la Résistance.

L'affaire de tous

Doubler le champ de l'économie solidaire en cinq ans implique, selon Christian Sautter, président de France Active, des « gestes de chacun ». À chacun d'avoir les réflexes de faire appel à des sociétés de l'économie solidaire dans sa vie quotidienne, comme les Jardins de Cocagne (maraîchage biologique) ou la Table de Cana (traiteurs), entreprises d'insertion sociale. « Cela part de la poche de chacun vers l'emploi pour tous », assure-t-il. Il faut également développer l'entrepreneuriat social, milite Hugues Sibille, président de l'Agence de valorisation des initiatives socio-économiques (Avise).

9 associations membres

- **SOS** drogue international
- **SOS** habitat et soins
- **SOS** insertion et alternatives
- **Arcat** aide aux malades
- **Le kiosque** info sida toxicomanie
- **JCLT** protection de l'enfance
- **Crescendo** accueil petite enfance
- **Le Collège coopératif de Paris** formation pour adultes
- **Auxilia** développement durable

Répartition du budget global en 2005 par secteur d'activité (87 millions d'euros)

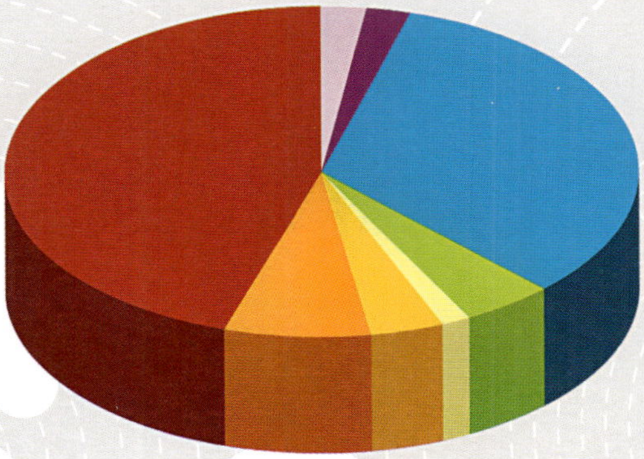

L'économie solidaire revendique sa place

Démocratiser l'économie

D'un point de vue philosophique, les tenants d'une économie solidaire plus forte y voient la capacité d'insuffler de la démocratie dans l'économie. Il s'agit de « donner à chacun un droit à l'utilité, un droit à la dignité, un droit aux mêmes choix et à la même parole. La démocratie participative est la première définition de la démocratie », insiste Pierre Rosanvallon, professeur au Collège de France. L'économie solidaire, qui soutient bon nombre d'initiatives culturelles et intellectuelles, participe à la « république des idées » en se situant « à la frontière de l'économie de marché et au centre de la vie intellectuelle de notre pays », assure-t-il.

Jean-Louis Laville, professeur au Conservatoire national des arts et métiers (Cnam) et chercheur au CNRS, voit dans l'économie solidaire une « double dimension politique et économique », avec la « globalisation de la solidarité ». « Nous avons une société coincée entre le choix d'une rupture radicale et le renoncement à tout changement de l'économie. La seule façon de s'en sortir, c'est de démocratiser l'économie, c'est ça l'enjeu de l'économie sociale », affirme-t-il.

Une réponse à l'urgence

Il est indéniable que des forces se mobilisent pour mettre en avant l'économie solidaire. Est-ce que le débat interne sur le choix des terminologies : « économie solidaire » plutôt que « économie sociale » ou le compromis « économie sociale et solidaire » s'essoufflera ? Il faut l'espérer. D'autant plus facilement que les tenants de l'économie sociale comme ceux de l'économie solidaire se retrouvent dans l'idée que le profit ne peut être la finalité unique de l'activité économique, et que les activités doivent produire à la fois de la valeur ajoutée marchande et de la valeur sociale. Sans oublier que l'évolution de la société pose des problèmes urgents où la solidarité n'est pas une réponse vaine. « Une croissance trop faible et inégale laisse bien des personnes sur le bord de la route ou alors dans des dispositifs d'assistance à vie. L'économie solidaire s'est développée pour affronter des problèmes nouveaux, c'est une économie d'utilité publique », constate Christian Sautter. Elle doit donc rassembler au-delà des clivages français traditionnels, notamment politiques.

« L'économie solidaire est venue de la société civile, elle ne sera pas enfermée dans des limites juridiques ou dans un camp politique. Notre manifeste est d'intérêt général », appuie Edmond Maire, président de la société d'investissement France Active.

Les dix propositions du Manifeste de l'économie solidaire

1. Citoyens, vivez solidaires

Investissez-vous dans toutes les initiatives soucieuses de l'homme et de l'environnement. [...]

2. Salariés, épargnez solidaire

[...] Depuis 2001, vous pouvez confier une partie de votre rémunération à des fonds salariaux solidaires créés dans les grandes entreprises ou dans des groupements d'entreprises. [...]

3. Étudiants, actifs, syndicalistes, militants associatifs, devenez entrepreneurs solidaires

Préparons les candidats à ces métiers difficiles en leur proposant des formations de qualité, en les accompagnant dans leur projet. [...]

4. Collectivités publiques, achetez solidaire

La loi permet de faire exécuter une partie des marchés publics de l'État, des collectivités locales, des bailleurs sociaux par des entreprises solidaires. [...]

5. Régions, contribuez au développement de l'économie solidaire

Fortes de votre double compétence en développement économique et en formation, appuyez les opérateurs qui orientent et accompagnent les porteurs de projet à travers les maquis administratif et financier. [...]

6. Départements, appuyez-vous sur l'économie solidaire pour employer les personnes en grande difficulté

Au-delà de l'impératif moral de leur redonner une place dans la société, tout démontre que le soutien à l'économie solidaire est un investissement rentable pour les finances publiques. [...]

7. Financiers, prenez des risques sur l'économie solidaire

La Caisse des dépôts en a la tradition et les banques mutualistes le font de longue date parce que c'est conforme à leur vocation sociale et qu'elles y gagnent des clients stables. [...]

8. Entreprises, coopérez avec l'économie solidaire

Les entreprises solidaires ne sont pas des concurrentes mais des partenaires qui peuvent donner du sens à votre engagement social et conforter votre ancrage territorial. [...]

9. Syndicats, impliquez-vous dans l'économie solidaire

[...] Sensibilisez les institutions représentatives des salariés (comités d'entreprise, etc.) aux initiatives de l'économie solidaire. [...]

10. À l'État enfin de lancer un plan en faveur de l'économie solidaire et de le respecter.

Cette économie se développe par l'expérimentation, le bénévolat et l'initiative locale. Mais elle a aussi besoin de la solidarité nationale. [...]

5 PROXIMITÉ ET INNOVATION

Fortement ancrés au niveau local, les acteurs de l'économie sociale ont depuis toujours travaillé en réseau. Ce qui leur a permis de conduire à plusieurs des expériences novatrices dans le champ du social, notamment en termes d'échelle des salaires ou de partage du temps de travail. Ils ont aussi pu mettre en commun des ressources financières pour développer de nouveaux champs d'activité.

Un ancrage local

Pour les acteurs de l'économie sociale, il existe une véritable symbiose entre leurs organisations et les régions ou les localités où ils sont implantés. Dans certaines d'entre elles, par exemple, les coopératives de transport peuvent dominer le marché local. Les associations d'insertion, d'aide aux handicapés et aux personnes fragilisées remplissent une tâche sociale précieuse que rétribuent volontiers les collectivités. C'est cette présence sur un lieu déterminé qui leur permet de créer un réseau. « Nous sommes un acteur de la vie locale et régionale. C'est une notion à faire vivre. Il faut investir et s'y investir ! » affirme Philippe Vasseur, président du Crédit mutuel Nord Europe. « Les élus locaux s'y intéressent parce que c'est une façon de créer et de maintenir de l'emploi local pérenne », explique Hugues Sibille, président de l'Avise et conseiller du président du Crédit coopératif.

Les réserves des sociétés de personnes étant impartageables – contrairement aux sociétés de capitaux –, ce sont des entreprises qui sont moins susceptibles d'être vendues que d'autres. Si le cas se produit, cela passe par un changement de statut. Le président de l'Avise voit également les statuts des sociétés de l'économie sociale comme une aubaine pour conserver des entreprises susceptibles de changer de main. « À l'heure où 600 000 entreprises doivent être transmises au cours des prochaines années en France, le rachat de la société par les salariés sous forme de scop peut être une solution de reprise à considérer », explique-t-il. Ce qui permet de maintenir des emplois locaux.

Un dispositif de développement local : les DLA

La notion de territoire est très forte dans l'économie sociale. Ainsi, dans chaque région, on trouve une chambre régionale de l'économie sociale (cres). Constituée en association, placée auprès du préfet, elle doit promouvoir et développer le périmètre régional de l'économie sociale tout en la représentant auprès des pouvoirs publics. Les cres existent depuis quelques années et rassemblent les représentants des grandes familles de l'économie sociale implantées localement (mutuelles, coopératives, associations, fondations). De son côté, la Caisse des dépôts et consignations, l'un des bailleurs de fonds du monde associatif, mène un certain nombre d'actions locales pour en favoriser le développement en région. Elle a achevé en 2005 le déploiement de 1[illegible]0 dispositifs locaux d'accompagnement (DLA), qui forment un réseau de structures de conseil (diagnostic et accompagnement) aux associations employeurs.

Une culture du réseau

Même si la grande famille de l'économie sociale est composée d'entités disparates et nombreuses, sa force de frappe est loin d'être négligeable. Les acteurs du secteur sont des spécialistes du regroupement. Ils réunissent leurs forces dans des fédérations et des associations multiples et font jouer l'effet réseau, aussi bien au niveau national qu'européen, jouissant de ce fait d'une grande influence, même si celle-ci est parfois peu visible. De nature militante, ils multiplient les engagements syndicaux, associatifs, politiques, humanistes (la franc-maçonnerie est très représentée dans ce secteur), ce qui décuple, bien entendu, l'impact de leurs actions et de leur lobbying.

L'économie sociale a créé en 2001 son propre « patronat », le Ceges, qui milite à Paris et à Bruxelles auprès des politiques. « Nous plaidons pour la reconnaissance de l'économie sociale dans l'économie. Toutes les législations sont faites pour les entreprises de capitaux, or nous voulons que soient prises en compte, au niveau national et européen, les spécificités de l'économie sociale », explique Marie-Hélène Gillig, déléguée générale du Ceges. Celui-ci est un lieu de coordination, de veille législative et réglementaire, de représentation et de communication. Quinze de ses représentants siègent au nouveau Conseil supérieur de l'économie sociale, institué par un décret du 10 juillet 2006, aux côtés de représentants de territoires, de l'État ou encore de personnalités qualifiées, venues notamment des syndicats de salariés.

Des passionnés de plongée et d'escalade créent, en 1977, Hydrokarst, une scop spécialisée dans les travaux d'accès difficile. Avec une centaine de salariés, des filiales en Afrique et dans l'océan Indien, l'entreprise, aidée à plusieurs reprises par l'Ides, est devenue leader mondial.

Acteurs du dialogue social

Ce conseil est avant tout un organe de concertation entre les pouvoirs publics et les acteurs de l'économie sociale et vise à renforcer l'identité et la visibilité de celle-ci. « Le positionnement est délicat car il existe déjà des comités consultatifs dans chaque branche de l'économie sociale. Il s'agit de réussir à traiter les aspects transversaux et les sujets communs, comme, par exemple, l'enseignement de l'économie sociale ou la formation à l'économie sociale, ou encore comment mieux organiser le déroulement d'une carrière en son sein », explique Frédéric Tiberghien, ex-délégué interministériel à l'Innovation, à l'Expérimentation sociale et à l'Économie sociale.

Les acteurs de l'économie sociale cherchent aujourd'hui à être des participants actifs du dialogue social et à être représentés dans le monde patronal. Aux élections prud'homales de 2002, l'union des employeurs de l'économie sociale, se présentant pour la première fois, a remporté près de 12 % des voix. En 2006, les représentants des employeurs du secteur Usgeres (économie sociale), Unifed (sanitaire et médico-social)

Ardelaine est une scop, née en 1982, du rêve de quelques amis de relancer une filature de l'Ardèche – la dernière – tombée en ruine. Vingt-cinq ans plus tard, avec 30 salariés, ils transforment 40 tonnes de laine par an, récoltées chez 300 éleveurs, en couettes, matelas, vêtements... Une entreprise de développement local et durable.

et Gema (assurances) ont signé un accord sur la formation avec la CGT, la CFDT et la CFTC. Cet accord marque une étape et formalise une relation avec les syndicats de salariés dont la nature a été, dans le passé, pour le moins complexe. Certains, comme la CGT et Force ouvrière, se sont rapprochés ; d'autres, à l'instar de la CFDT, ont longtemps conservé leur distance.

D'autres instances, plus informelles, sont très actives. Le Centre des jeunes dirigeants de l'économie sociale (Cjdes) s'est donné pour objectif de défricher de nouveaux territoires où s'implanter. Quelques patrons ont également fondé l'équivalent d'un mini-Davos (rencontre annuelle en Suisse des puissants de ce monde), baptisé « rencontres du Mont-Blanc ». Cette manifestation rassemble tous les deux ans, en novembre, une centaine de dirigeants des grandes structures de l'économie sociale mondiale mais s'ouvre aux altermondialistes, aux partis politiques, aux institutions internationales. Plutôt que de brasser de grandes idées, les participants cherchent à prendre une série d'initiatives concrètes avec des acteurs du terrain.

À l'avant-garde du progrès social

Ce dynamisme se traduit aussi par de nombreuses innovations sociales. Il faut y voir la volonté de corriger ce qui est perçu comme les travers du libéralisme.

Dans la plupart des mutuelles, la semaine de 35 heures a ainsi été largement appliquée bien avant les lois Aubry. Ce qui a d'ailleurs posé un problème lors de l'application de ces dernières, certains salariés considérant qu'ils avaient perdu un privilège pour lesquels ils n'obtenaient rien en échange. D'autres ont voulu poursuivre la voie, comme la Macif, aujourd'hui à 31 heures 30.

Une transparence plus grande sur les salaires est également de mise, d'autant que la volonté de démocratie au sein des structures conduit à faire plus de clarté sur les rémunérations. Reste que ce ne sont pas les entreprises de l'économie sociale qui sont les plus prodigues en termes de valorisation salariale. Si on constate un bon niveau de salaire dans les mutuelles, c'est moins le cas dans le reste du secteur.

Les salaires des cadres dirigeants peuvent être de 20 à 30 % inférieurs à ceux de sociétés capitalistes traditionnelles. Au Groupe Chèque Déjeuner, l'échelle des salaires va de 1 à 5, le salaire le plus important, celui du président, Jacques Landriot, ne dépassant pas 7 500 euros par mois. Un sacrifice consenti par des salariés militants, pour qui « l'argent n'est pas tout ». Selon l'Insee, le salaire moyen est d'environ

1 600 euros nets par mois, soit 13 % de moins que la moyenne nationale. En revanche, dans le monde coopératif, les salariés bénéficient du plan de participation de l'entreprise, à parité, et quelle que soit la taille de la société. Par ailleurs, certains mettent au point des plans d'intéressement, ce qui est peu répandu dans les PME.

Enfin, la gouvernance d'entreprise, et plus particulièrement l'exercice de la démocratie par les membres de l'organisation, est une valeur centrale. Dans toutes les grandes banques coopératives, les caisses locales organisent chaque année une assemblée générale où les membres sociétaires se prononcent sur la stratégie appliquée. Les mutuelles sollicitent et informent leurs sociétaires de la même façon. Tous affirment être très attachés à la règle d'égalité « un homme, une voix ».

L'économie sociale innovante pour la société

Sait-on que de grandes innovations qui font aujourd'hui partie de la vie quotidienne sont issues de l'économie sociale ? En voici quelques exemples :

– des mutuelles santé-prévoyance : la Sécurité sociale, créée via les sociétés de secours mutuel, la CMU, les indemnités journalières en cas d'accident, le médicament générique...

– des associations : l'aide à domicile, l'alternative à l'hospitalisation, la prise en charge des handicapés, le titre emploi service, les villages de vacances...

– des mutuelles d'assurances : le constat amiable, les garages agréés, le tiers payant en assurance automobile, le recours précoce à l'informatisation des relations assureurs, experts, réparateurs en automobile...

– des coopératives : le contrôle qualité des produits, l'animation sociale en milieu rural, le prix du livre, les prêts bancaires à taux variable...

Source : Ceges.

Des outils financiers spécifiques

Depuis une vingtaine d'années, les organisations les plus solides de l'économie sociale, les banques et les mutuelles, disposant de moyens importants, ont mis au point, avec l'aide de l'État, des instruments financiers spécifiques pour aider au développement d'entreprises de l'économie sociale. Cela a engendré, entre autres, la création, en 1983, d'une société de garantie, la Sogama-Crédit associatif, et de l'Institut du développement de l'économie sociale (Ides). Celui-ci est à l'origine du groupe Esfin-Ides, grâce auquel « 90 millions d'euros ont été investis en vingt ans, essentiellement dans des coopératives, et notamment des coopératives de production », explique Marcel Hipszman, chargé de mission auprès du président du groupe Esfin-Ides.

Aujourd'hui, Esfin-Ides détient des participations dans 270 entreprises. Le principal outil financier utilisé est le titre participatif, qui s'apparente à une obligation dont la rémunération comporte une partie fixe et une partie variable indexée sur la performance de l'entreprise. Le titre participatif est remboursable après une période minimal de sept ans et à l'initiative de l'entrepreneur. En 2005, l'Ides a investi 5,6 millions d'euros dans 31 entreprises, la majorité étant des scop.

Un acteur financier important de l'économie sociale est le réseau France Active, créé en 1988 par la Caisse des dépôts en partenariat avec la Fondation de France, la Fondation Macif, le Crédit coopératif et des mouvements caritatifs. Il gère 38 fonds territoriaux abondés par la Caisse des dépôts, les Caisses d'épargne, la Fondation Macif, France Active et les collectivités locales. En 2005, il a financé 372 entreprises de l'économie sociale. Les apports en fonds propres sont modestes, le financement moyen étant de 30 000 euros. Ils ont atteint un total de 6,7 millions d'euros en 2005, soit une hausse de 41 % par rapport à 2004. Les garanties bancaires ont, quant à elles, progressé de 25 % en 2005 par rapport à l'année précédente pour atteindre 11,3 millions d'euros.

Enfin, l'association Finansol, qui regroupe les principaux acteurs financiers de l'économie sociale, cherche à développer le concept de l'épargne solidaire.

Le rôle de l'Institut de développement Ides est d'aider financièrement les entreprises grâce aux fonds investis par les grandes banques coopératives et les mutuelles. Depuis 1990, 296 entreprises ont ainsi reçu une aide en fonds propres.

Le réseau France Active offre aux porteurs de projets un accès au crédit, une expertise et un soutien financier. Depuis sa création, il a permis que soient créés ou consolidés 64 000 emplois.

Ides : les actionnaires

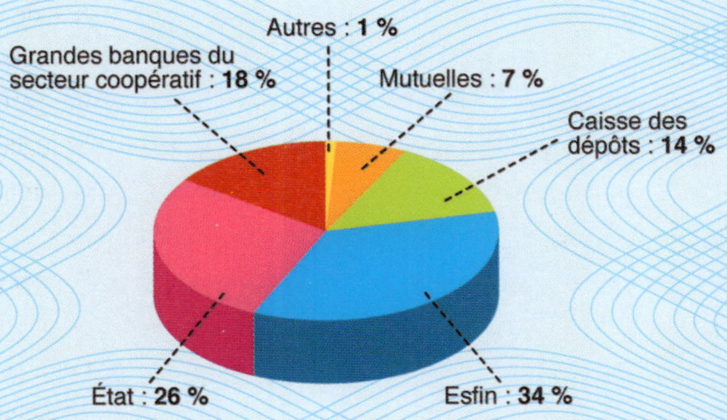

Ides : les activités

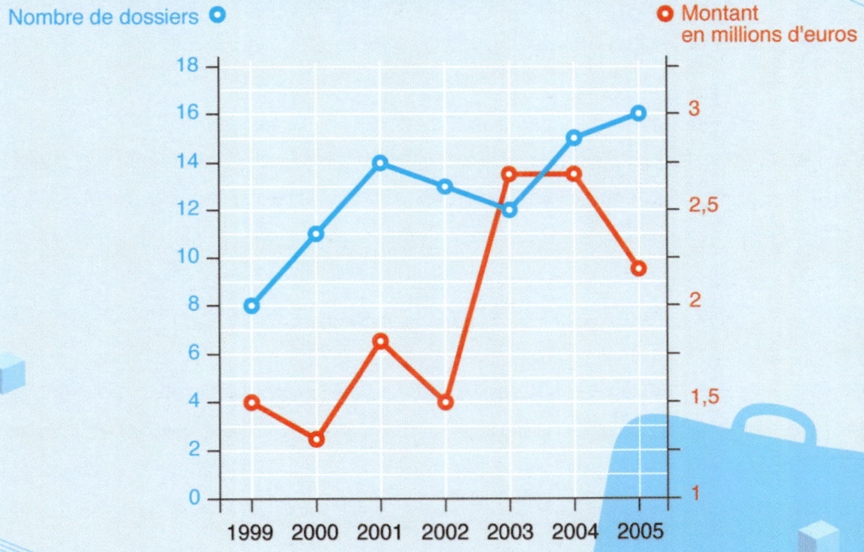

Le réseau France Active : les résultats 2005

Porteurs de projet accueillis	**17 719**
Projets expertisés	6 846
Concours financiers mis en place	3 868
Emplois créés ou consolidés	9 951 *

* dont 53 % pour des personnes en situation précaire

Le réseau France Active : la répartition des 9 951 emplois créés en 2005

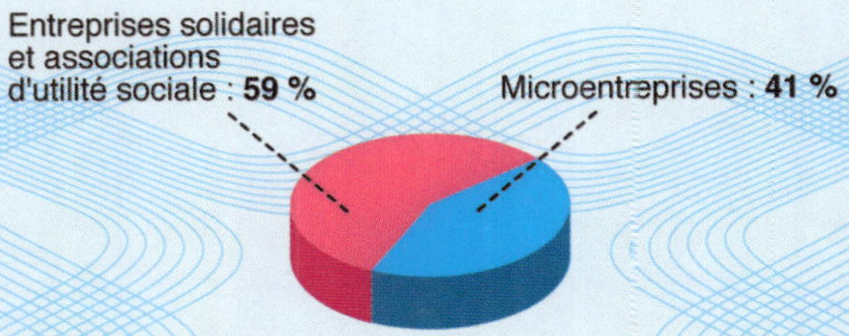

Source : Ides et France Active, chiffres 2005.

Le tourisme social et solidaire

Au lendemain de la Seconde Guerre mondiale, les vacances sont encore le privilège d'une élite : à peine 15 % de la population en bénéficient. Un tourisme social va se développer pour défendre le droit aux vacances pour tous. De nombreuses associations se mettent en place et créent les premières infrastructures du tourisme populaire, particulièrement durant la période 1950-1970. Les collectivités locales, rurales surtout, sont sollicitées pour accueillir les vacanciers et concèdent volontiers des terrains, tandis que les pouvoirs publics aident au financement. François Bloch-Lainé, à la tête de la Caisse des dépôts et consignations, en sera l'un des promoteurs.
Aujourd'hui, 60 % des Français partent en vacances. Un niveau qui reste stable depuis une vingtaine d'années, mais qui exclut encore dix millions de Français.
Au fil des ans, des opérateurs associatifs se sont professionnalisés, d'autres ont fait faillite. Aujourd'hui, ces acteurs représentent à l'échelle nationale un potentiel d'accueil touristique non négligeable puisqu'ils agrègent une offre estimée à plus de 900 000 lits, soit environ 18 % de l'offre touristique nationale (hors résidences secondaires). L'Union nationale des associations de tourisme et de plein air (Unat) gère 242 000 lits sur 1 500 sites. L'envie de promouvoir un tourisme qui permette le brassage social, à des prix modérés, avec de l'animation de qualité et un fort ancrage local demeure. Mais il lui faut soutenir la concurrence avec de multiples offres à bas prix, et surtout trouver les fonds pour rénover des infrastructures qui ont bien vieilli.

Les VVF, une marque emblématique

Qui n'a pas entendu parler des VVF ? Enseigne phare du tourisme social, ils ont été pendant plus d'une trentaine d'années l'emblème du secteur. L'aventure commence en 1959, avec le premier village ouvert à Obernay, en Alsace. Les vacanciers y découvrent un confort moderne qu'ils sont peu nombreux encore à avoir chez eux. Les tarifs sont adaptés au quotient familial et aux revenus de chacun. L'association se fait championne du tourisme vert et ses deux enseignes, VVF Vacances et VVF Villages, vont jusqu'à gérer plus de 60 000 lits, essentiellement à destination des populations les plus modestes.
À partir des années 1990, de même que les autres acteurs du tourisme social, ces structures associatives aux fonds limités vont avoir du mal à financer aussi bien les coûts de rénovation que les projets de développement. André Guignand, leur fondateur, passe la main à Edmond Maire, ancien secrétaire général de la CFDT, en 1989. Celui-ci devra gérer la crise : hausse des prix, restructurations, plans sociaux et transformation de VVF Vacances en société anonyme en 1997. En 2005, un projet est mis en œuvre pour séparer le pôle associatif du pôle concurrentiel de l'enseigne. Depuis 2006, la majorité du capital de VVF Vacances et VVF Patrimoine (pôle concurrentiel) appartient à Finama Private Equity (fonds de gestion de Groupama), tandis que la Caisse des dépôts en conserve 40 %. Un projet d'investissement de 140 millions d'euros a été lancé. Ce pôle s'est rapproché de Vacances Auvergne Limousin (VAL). Il gère 52 villages, 160 destinations en France et une trentaine à l'étranger. Son chiffre d'affaires est de 145 millions d'euros et sert 700 000 clients chaque année.

L'Unat

Le tourisme social et associatif français est représenté auprès des pouvoirs publics et des partenaires sociaux par l'Union nationale des associations de tourisme (Unat). Fondée dans les années 1920, elle regroupe 56 fédérations nationales et plus de 500 adhérents régionaux, qui représentent 1 500 hébergements. Six millions de personnes y sont accueillies, dont plus d'un million grâce à des aides. Les adhérents de l'Unat totalisent 1,3 milliard d'euros de chiffre d'affaires, emploient 12 000 salariés permanents et plus de 60 000 saisonniers.

L'Union nationale des associations de tourisme (Unat)

L'Unat regroupe 1 500 équipements, répartis en :	
Villages et maisons familiales de vacances	42,8 %
Auberges et centres d'accueil de jeunes	15,9 %
Centres sportifs	7 %
Refuges et chalets	9,9 %
Centres de vacances pour enfants	16,4 %
Autres	7,7 %

Leur situation	
Sur le littoral	25,5 %
En moyenne montagne	10,3 %
En montagne	30,3 %
À la campagne	28,4 %
En ville	5,4 %

La fidélité aux villages de vacances

Ne répondent pas	57	4,6 %
Les découvrent	221	17,8 %
Les fréquentent à l'occasion	380	30,6 %
Sont des habitués	583	47,0 %
Total	1241	100,0 %

Source : Unat, 2005.

Les Karellis : une utopie qui fête ses trente ans

Depuis son ouverture, aux vacances de Noël 1975, un million et demi de vacanciers ont séjourné dans l'un ou l'autre des sept villages de vacances de la station des Karellis. 60 pistes de ski, un excellent enneigement, une station à taille humaine, sans voiture, avec des hébergements au pied des pistes, un programme d'animations riche et varié pour l'hiver, des activités sportives pour l'été... tout y est pour attirer une belle clientèle. Mais une partie de celle-ci est motivée par un « petit plus » : les Karellis fonctionnent sur de l'économie sociale.

Leur fondateur, Pierre Lainé, s'était donné un triple objectif : permettre aux familles aux revenus modestes d'accéder aux sports d'hiver en abaissant les coûts ; favoriser un développement de la commune d'accueil ; créer des emplois avec des conditions de travail et d'hébergement correctes. À Montricher-Albanne, dans la vallée de la Maurienne, il trouve tous les ingrédients nécessaires pour lancer son expérience : un site favorable et un conseil municipal prêt à s'associer au projet. Des partenariats sont mis en place avec différents organismes de tourisme associatif et une convention est signée entre la commune, qui reste propriétaire du sol, et le concessionnaire, Renouveau, un organisme de vacances familiales également créé par Pierre Lainé. Sur le même modèle, des conventions lient le concessionnaire à ses différents partenaires qui gèrent les villages de vacances. « Il en est de même avec les autres organismes, tels que les commerces, l'école de ski, la régie autonome des remontées mécaniques, etc., explique Pierre Lainé. Les commerces sont gérés sous une forme coopérative et sont, eux aussi, liés par convention[1]. » Pas de place pour la spéculation foncière ou immobilière ni de possibilités de dérives des prix, que ce soit de l'école de ski ou des remontées mécaniques.

L'ensemble est géré par un conseil composé pour un tiers de la commune (qui possède un droit de regard et de veto sur toute décision), un tiers du concessionnaire et un tiers des autres partenaires.

Trente ans plus tard, les locaux rénovés, les équipements renouvelés et mis aux normes, les activités multipliées, les Karellis se portent plutôt bien. Pierre Lainé voulait montrer qu'« il est possible de prendre des voies autres que celles de l'ultralibéralisme... ». Démonstration réussie !

Entre Nord et Sud, des touristes solidaires

On pourrait aussi l'appeler équitable, durable, éthique... Son objectif est de développer une forme de tourisme en direction des pays en développement qui prenne en compte les populations locales, les implique dans ses projets, respecte leur environnement et leur culture... La plupart des organismes de tourisme solidaire allient une structure associative au Nord, chargée de la commercialisation, et une association au Sud, qui prend en charge l'hébergement et l'animation. Les offres vont d'une simple formule hôtelière à un véritable séjour intégré dans une communauté villageoise.

Mais le tourisme solidaire ne s'arrête pas au séjour. Les échanges entre cultures sont privilégiés : participation à la vie quotidienne, aux travaux ; échanges avec les villageois. Les bénéfices vont généralement alimenter toute une série de projets gérés par les habitants : aménagements, associations, etc. dans le cadre d'une coopération entre partenaires du Nord et du Sud.

Une charte du tourisme équitable, à laquelle adhèrent les principales organisations du tourisme solidaire, définit ces principes depuis quelques années, avec comme objectif le respect des traditions, des cultures, de l'environnement et de personnes. Bénéficiant d'un intérêt grandissant, les structures associatives du tourisme solidaire restent cependant fragiles. Refusant le tourisme de masse, elles doivent souvent se contenter de petites clientèles et de destinations peu nombreuses, ce qui ne facilite pas leur développement et leur pérennité.

1. Conférence donnée à l'École de Paris le 25 mars 1999.

Les Karellis

Les effectifs de la saison d'hiver

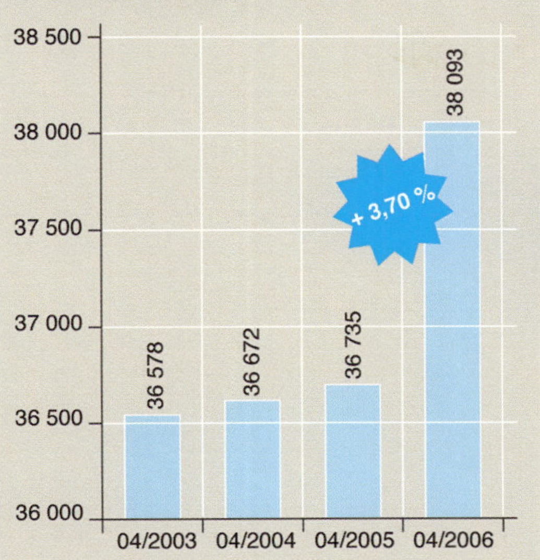

Fréquentation : 46 500 vacanciers accueillis en séjours.

268 emplois directs (en équivalence annuelle)

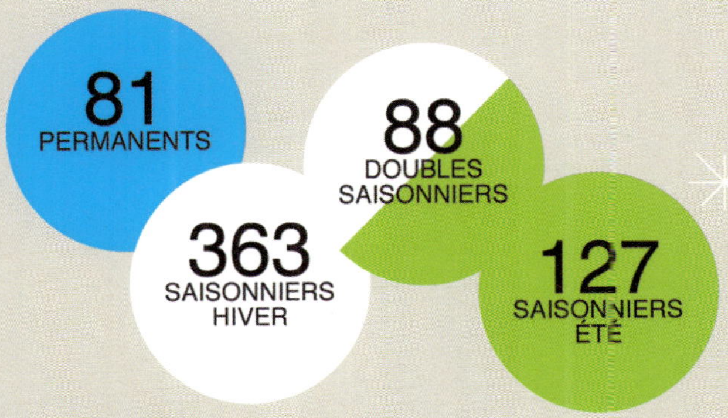

Le tourisme solidaire

Partir à plusieurs et être solidaire avec son groupe de voyage Aider quelqu'un à partir en vacances	4,80 %
Autres	7,90 %
Participer à un projet de développement (construction)	8,10 %
Faire du tourisme dans un pays en voie de développement	8,60 %
Respecter les coutumes, les peuples, l'environement	16,90 %
Être en contact avec les gens Avoir des échanges culturels	17,20 %
Aider les populations locales	26,00 %
Tourisme qui profite surtout aux populations locales, associé au commerce équitable	30,80 %

Intérêt pour le tourisme solidaire

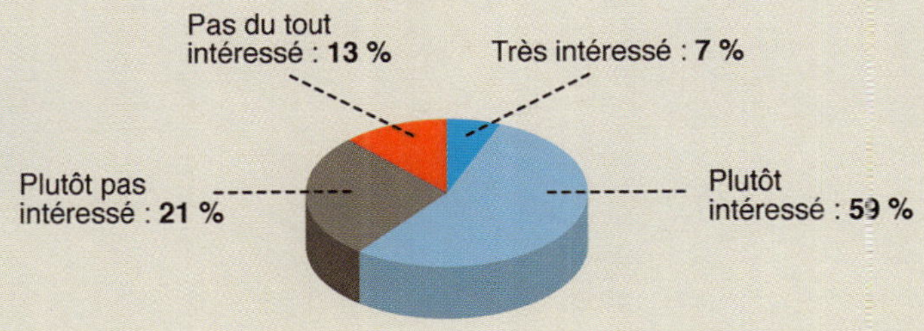

6

À LA CONQUÊTE DE NOUVEAUX TERRITOIRES

Dans un monde très concurrentiel, le développement de l'économie sociale n'est pas chose facile. C'est vrai en France, où les associations, acteurs traditionnels du secteur sanitaire et social, voient arriver des entreprises capitalistes dans le secteur des services à la personne. C'est également vrai au niveau européen, où la reconnaissance de statuts particuliers est difficile à obtenir. Pourtant, les champs de développement sont énormes dans l'un et l'autre cas.

Les services à la personne : un avenir prometteur

Depuis toujours, l'économie sociale dispose d'un champ d'action privilégié dans le domaine des services à la personne : aides aux personnes âgées, soutien scolaire, aide à domicile, etc. Jean-Louis Borloo, le ministre de l'Emploi, de la Cohésion sociale et du Logement, en a fait l'un de ses chevaux de bataille pour relancer l'emploi en France puisqu'il veut voir 500 000 emplois créés dans ce secteur avant fin 2009.

Afin de combattre le travail au noir, le gouvernement a créé le chèque emploi service universel (cesu), qui simplifie les démarches et attribue des avantages fiscaux à son détenteur : exonération des charges sociales sur le smic, 50 % de déduction d'impôts. Surtout, le plan Borloo met à égalité toutes les organisations qui veulent entrer sur ce secteur puisque c'est le bénéficiaire du cesu qui choisit son prestataire.

La concurrence est donc en train de se renforcer entre les entreprises de l'économie sociale, dont certaines associations ont été subventionnées pour leurs services, et celles du secteur capitaliste. Tous savent qu'il y a là des sources importantes de revenus pour les années à venir sous l'effet conjoint du vieillissement de la population, du taux de natalité élevé en France, d'un pouvoir d'achat des ménages qui a crû depuis dix ans, et par la recherche d'une plus grande qualité de vie.

Michel Gaté, directeur général de À Domicile Services, reconnaît que « les associations voient d'un mauvais œil l'arrivée d'entreprises. Néanmoins, il peut y avoir convergence des analyses et des enjeux pour développer des complémentarités entre les acteurs ». Pour faire face à cette mobilisation du secteur privé, les acteurs de l'économie sociale réfléchissent à l'amélioration de la qualité des services. Il faut « développer l'attractivité de ces métiers en les professionnalisant », estime Michel Gaté. Il faut donc des normes de services, des standards de qualité. « On touche à des biens essentiels, la famille, l'éducation, la santé. Il faut bien maîtriser l'intervention dans la sphère privée, avoir une approche éthique », soutient-il.

Quelques initiatives ont été lancées. La Maif a développé Serena, une plate-forme qui met en relation une personne victime d'un accident avec différents services qui peuvent l'aider concrètement. Elle a été rejointe par la Macif, les Caisses d'épargne et la MGEN. De leur côté, l'association du service à domicile (ADMR), la mutuelle AG2R et le Crédit mutuel ont eu une démarche similaire avec Personia, un centre d'appel qui fonctionne vingt-quatre heures sur vingt-quatre et qui a développé une gamme de services centrés sur la personne et non exclusivement sur le domicile. C'est une plate-forme d'intermédiation, puisqu'elle dirige les clients vers des partenaires référencés.

Bien décidés à ne pas laisser à la société de profit Acadomia le vaste domaine du soutien scolaire, la Macif, la Matmut, la Fédération nationale de la Mutualité française et le groupe Chèque Déjeuner se sont associés pour fonder Domicours. Leur objectif est de parvenir à facturer 600 000 heures de soutien scolaire par an. « On a un rôle à jouer pour la société dans son intégralité, il faut sortir du champ de l'aide sociale et des collectivités locales », estime Jean-Philippe Poulnot, directeur général délégué de Telfix (mise à jour de la carte Vitale) et chargé de mission auprès du président du Groupe Chèque Déjeuner. D'ailleurs, des coopératives, en particulier Desscop, commencent à s'implanter dans ce secteur des services.

Enjeu économique important des prochaines années, les services à la personne ne seront pas non plus une solution miracle au problème du chômage. Tous les emplois créés ne seront pas à temps plein, ni qualifiés, et certains seront précaires. De même, toutes les personnes risquent de ne pas être servies équitablement. « Il y aura ceux qui peuvent payer, ceux qui sont aidés par la protection sociale, et ceux qui ne le pourront pas », prévient Michel Gaté.

Autre axe de développement, estime Alain Philippe, président de la Fondation Macif, celui de l'environnement. « L'économie sociale doit être au premier rang des acteurs sur ce champ. C'est un concept consubstantiel aux projets mutualistes et aux principes et valeurs de l'économie sociale. »

Vers une Europe de l'économie sociale

Depuis quelques années, les acteurs de l'économie sociale tentent d'acquérir une visibilité plus importante au niveau européen. Ce projet avait reçu un coup de pouce de Jacques Delors lorsqu'il était président de la Commission européenne, avec la création d'une direction générale en charge de l'économie sociale, qui fut ensuite supprimée sous la présidence de Romano Prodi.

En 2000, a été fondée la Conférence européenne permanente des coopératives, mutualités, associations et fondations (CEP-CMAF) pour faire reconnaître leurs spécificités au niveau européen et servir d'interface avec la Commission européenne. En 2001, elle a produit un texte exposant les principes communs à tous ses membres qui a valeur de charte européenne de l'économie sociale.

Les grandes familles du secteur se sont organisées autour de Coopératives en Europe et d'Acme pour les mutuelles d'assurances. En 1990, la Macif s'est associée à

En réponse à l'inquiétude grandissante des parents quant à l'avenir de leurs enfants et à la difficulté de trouver, sans diplôme valorisant, un emploi, le soutien scolaire est devenu un marché en pleine expansion. Pour ne pas laisser l'offre uniquement au secteur privé, un ensemble de sociétés mutualistes ont créé Domicours, prestataire de cours particuliers.

L'économie sociale en Europe

1 Européen sur 4 est sociétaire ou adhérent de l'économie sociale	
Banques coopératives	160 millions de clients
Mutuelles de santé	78 millions de membres
Mutuelles d'assurances	120 millions de polices

300 000 coopératives européennes	
Agriculteurs réunis en coopératives	3 millions
Sociétaires de coopératives de consommation	24 millions
Sociétaires de banques coopératives	50 millions
Emplois dans 37 pays	5 millions

Source : GNC et Acme.

de grandes mutuelles européennes pour créer un groupement d'intérêt économique (GIE) baptisé Euresa, qui compte aujourd'hui 10 membres, ce qui signifie plus de 21 millions de sociétaires, quelque 17 000 salariés et plus de 10 milliards d'euros de chiffre d'affaires. « C'est un réseau d'échanges et surtout de projets pour renforcer le développement des sociétés membres sur leur propre marché et innover. Plusieurs de ses membres soutiennent, avec Euresa Holding, la création de petites sœurs là où il n'y en avait pas, comme en Grèce, en Pologne, au Portugal », explique Thierry Jeantet, directeur général d'Euresa. Nouvellement créé, Euresa Institut a élaboré avec la Confédération européenne des syndicats un « code éthique des fonds de pension complémentaires et fonds salariaux ».

La première structure juridique véritablement communautaire de l'économie sociale n'est mise en place qu'en 2004, avec le statut de coopérative européenne. « Cela va permettre à des sociétés coopératives ou à des entreprises européennes de se constituer en société européenne avec un statut coopératif », explique Marie-Hélène Gillig, déléguée générale du Ceges. En revanche, le projet d'un statut européen pour les mutuelles et les associations a été retiré par la commission Barroso. Mais l'ensemble des acteurs du secteur milite aujourd'hui pour la reprise de ce dossier.

Selon le Groupement national de la coopération (GNC), il y aurait 300 000 coopératives représentant 5 millions d'emplois au sein de l'Union européenne, avec 130 millions de clients de banques coopératives, 3 millions d'agriculteurs réunis au sein de coopératives agricoles, 24 millions de sociétaires de coopératives de consommation. De leur côté, les mutuelles de santé compteraient 78 millions de membres en Europe, tandis que, selon l'Acme, les mutuelles d'assurances contrôleraient une part de marché de 23,7 %.

La coopération transfrontalière est un véritable objectif pour les acteurs de l'économie sociale en France, à la recherche de synergies et de partenariats avec ceux d'autres pays. Ils veulent également susciter de nouvelles vocations à la création d'entreprises d'économie sociale au-delà de nos frontières. Cela n'est pas toujours facile. Les années de communisme vécues par les pays de l'Est ont créé une forte réticence au mouvement coopératif, souligne Thierry Jeantet.

Il y a eu des occasions manquées, constate pour sa part Jacques Landriot, du Groupe Chèque Déjeuner : l'inexistence de caisses de retraite dans les pays de l'Est a été l'occasion pour les fonds de pension de s'y implanter. Or les entreprises de l'économie sociale, qui peuvent s'appuyer sur des réseaux puissants, auraient pu jouer là un rôle et gagner des parts de marché.

L'ambition des acteurs de l'économie sociale est pourtant intacte. Ils ont foi en la capacité de leurs valeurs à trouver leur place en Europe. En France comme ailleurs, il faudra trouver des solutions innovantes qui placent l'homme au centre de l'équation économique. « C'est une économie tolérée qui joue à se faire peur, alors que les rapports de la Commission européenne montrent qu'elle a toute sa place. Dans une économie de liberté, il faut du pluralisme. À nous de démontrer notre légitimité », constate Philippe Vasseur, président du Crédit mutuel Nord Europe.

Extrait de la charte du Pôle européen des fondations de l'économie sociale

1 – [...] Quatre phénomènes concouraient à la mise en œuvre, au plan européen, d'un dispositif opérationnel d'économie sociale [...]. Il s'agit :

– de créer des synergies et des complémentarités avec les politiques publiques nationales de lutte contre le chômage, l'exclusion et les discriminations ;

– de consolider la place de l'économie sociale sur le territoire de l'Union européenne, comme facteur de développement durable, de démocratie économique, de pluralisme, de création d'activités et d'emplois ;

– d'accompagner et de structurer les nouveaux réseaux de l'économie sociale tant au plan national qu'au plan européen ;

– d'accompagner le mouvement syndical européen dans sa volonté de tisser de nouveaux réseaux d'alliance avec les organisations d'économie sociale.

2 – [...] Les membres fondateurs du Pôle [...] se reconnaissent dans un périmètre d'action comportant les points suivants :

– l'inscription durable de l'économie sociale en Europe ;

– la participation active à la création de nouvelles activités sur le champ de l'économie sociale, notamment en direction des jeunes ;

– l'élargissement de la base du Pôle à d'autres fondations d'économie sociale ou à des organismes similaires ;

– l'élaboration et le dépôt de projets labellisés « Économie sociale » auprès de la Commission européenne ;

– le soutien aux initiatives de ses membres.

Les membres fondateurs : Agrupació Mútua (Espagne), Fondation Cesar (Italie), Fondation Macif (France), Fondation Maif (France), Fondation P&V (Belgique).
Fait à Bruxelles le 15 mars 2000.

Les métiers de services à la personne

Ces services répondent à des besoins qui peuvent changer la vie de certains ou tout simplement l'améliorer pour d'autres. Ils vont des travaux ménagers à l'assistance informatique, de l'aide aux personnes dépendantes au soutien scolaire. L'Agence nationale des services à la personne (ANSP) a dressé une liste de ces multiples attentes :

Certaines activités sont effectuées exclusivement à domicile :

– entretien de la maison et travaux ménagers ;
– petits travaux de jardinage ;
– prestations de petit bricolage dites « hommes toutes mains » ;
– garde d'enfant à domicile ;
– soutien scolaire et cours à domicile ;
– assistance aux personnes âgées ou aux autres personnes qui ont besoin d'une aide personnelle à leur domicile, à l'exception d'actes de soins relevant d'actes médicaux ;
– assistance aux personnes handicapées y compris les activités d'interprète en langue des signes, de technicien de l'écrit et de codeur en langage parlé complété ;
– garde-malade à l'exclusion des soins ;
– assistance informatique et Internet à domicile ;
– soins et promenades d'animaux domestiques pour les personnes dépendantes ;
– soins d'esthétique à domicile pour les personnes dépendantes ;
– gardiennage et surveillance temporaire, à domicile, de la résidence principale et secondaire ;
– assistance administrative à domicile.

Activités partiellement réalisées en dehors du domicile

(à la condition que la prestation fasse partie d'une offre de services incluant un ensemble d'activités effectuées à domicile)
– préparation des repas à domicile, y compris le temps passé aux commissions ;
– livraison de repas à domicile ;
– collecte et livraison à domicile de linge repassé ;
– aide à la mobilité et au transport de personnes ayant des difficultés de déplacement ;
– prestation de conduite du véhicule personnel des personnes dépendantes, du domicile au travail, sur le lieu de vacances, pour les démarches administratives ;
– accompagnement des personnes âgées ou handicapées en dehors de leur domicile (promenades, transports, actes de la vie courante) ;
– livraison de courses à domicile.

L'emploi dans les services à la personne

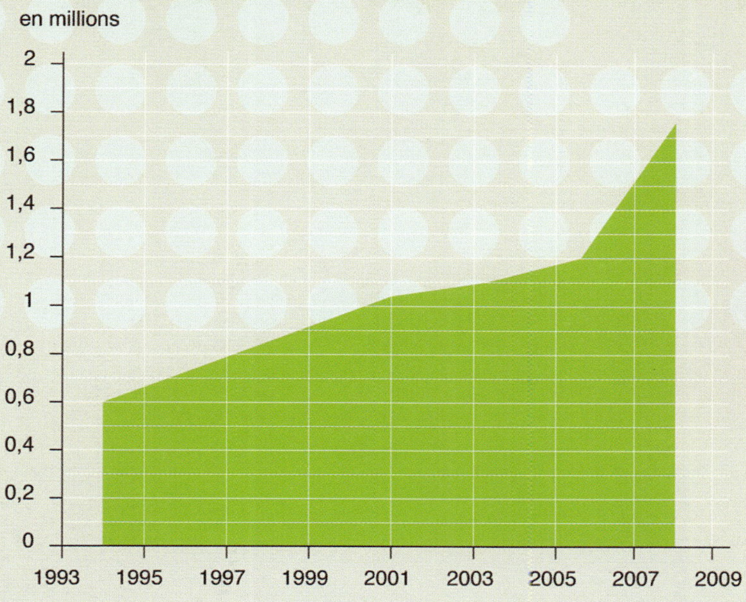

Un peu plus de 1,3 million d'emplois.

Chaque année,
plus de 70 000 emplois sont créés.

Croissance de 100 % entre 1994 et 2004.

Utilisation des services par tranches d'âge (en pourcentage)

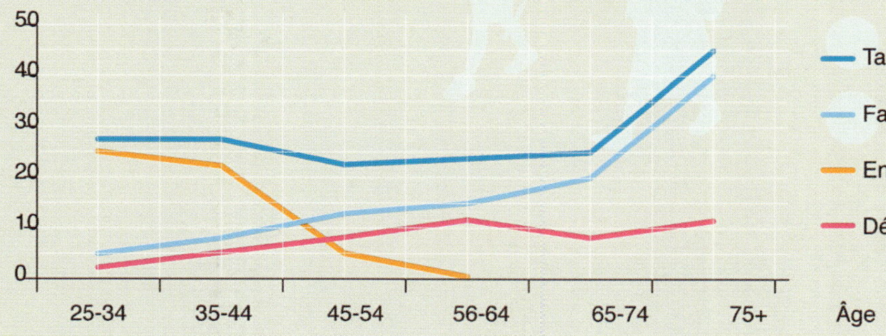

Utilisation par types de services

Services à la personne	6 millions de foyers
Activités de ménage, de jardinage ou de bricolage	3,2 millions de foyers
Garde d'enfants, soutien scolaire	2,1 millions de foyers
Aide aux personnes dépendantes et les nouveaux services : soins esthétiques, surveillance de domicile, informatique…	1,5 million de foyers

Source : Réseau+, d'après une étude menée par la Caisse d'épargne en 2006.

7

LIMITES ET ENJEUX

Ses statuts sont à la fois la force et la faiblesse de l'économie sociale. Ils lui permettent d'affirmer et de vivre ses valeurs, mais ils peuvent, dans certains cas, freiner son développement. Dans la pratique quotidienne, démocratie interne et transparence sont des concepts difficiles à faire jouer pleinement. Il importe aussi d'accentuer le rapprochement entre les différentes familles du secteur pour que prenne place un meilleur dialogue avec les autres acteurs économiques.

Des statuts parfois encombrants

Vecteur de création, les sociétés coopératives sont freinées dans leurs ambitions par la structure du capital : beaucoup d'entreprises doivent limiter leur taille. Il est en effet impossible d'acquérir par échanges d'actions – celles-ci ne sont pas monnayables et ne représentent pas la valeur de l'entreprise – ou de concevoir une fusion, puisque la société n'est en théorie pas cessible. Il y a, bien entendu, quelques exceptions, comme le démontre le rachat du CIC par le Crédit mutuel de Strasbourg, ou celui du Gan par Groupama, mais ce sont des opérations complexes.

Pour se développer en France et à l'étranger, le Groupe Chèque Déjeuner a ainsi créé des sociétés anonymes traditionnelles. Dans une entreprise qui compte 1159 personnes, seulement 300 sont membres de la coopérative ! Ce sont donc les seuls qui bénéficient donc du régime de participation lié au statut de scop. En général, une entreprise doit compter sur ses fonds propres pour se développer. Or ils sont souvent limités, au départ, lors de l'apport des sociétaires, ce qui rend les investissements difficiles. Et qui explique la tentation de certaines structures, les banques coopératives notamment, de chercher à lever des capitaux en Bourse pour continuer à se développer sur un marché très concurrentiel. Mais beaucoup considèrent ce choix comme une hérésie.

Très attachés à leurs statuts, les acteurs de l'économie sociale ont du mal à évoluer et à s'adapter à un marché en mouvement. La création d'un nouveau statut, comme celui des unions d'économie sociale ou de la société coopérative d'intérêt collectif (SCIC), fait figure d'exception dans le paysage. De même, les débats autour des définitions de l'économie sociale, de l'acceptation ou non de l'entrepreneuriat social dans cette sphère démontrent une difficulté à évoluer en dépit de la modernisation et de l'évolution de la société.

L'exercice de la démocratie interne est également compliqué, en particulier dans les grandes structures. On s'aperçoit qu'il est très difficile de faire élire un employé de base comme administrateur. Par ailleurs, les sociétés les plus importantes, comme les banques, les mutuelles et les grosses coopératives, ont des organes dirigeants restreints et puissants. L'exercice du partage du pouvoir n'est pas chose aisée, et cela se vérifie tous les jours. Certaines mutuelles, comme la Maif et la Macif, ont tenté de mieux organiser la représentativité de leurs sociétaires. C'est d'autant plus difficile quand ceux-ci ont une attitude consumériste et s'avèrent indifférents aux valeurs de solidarité et de participation.

Parmi les difficultés que rencontre l'économie sociale, il y a sa capacité à attirer les talents. Si l'on rencontre de nombreuses personnalités brillantes, la qualité des cadres peut être inégale. Cela tient non seulement à des salaires de dirigeants plus faibles que dans le secteur capitaliste, mais aussi au fait que beaucoup de chapelles protègent leurs positions, avec des hommes et des femmes dont l'intérêt est plus stratégique qu'opérationnel. Le renouvellement des générations devrait entraîner, par l'arrivée de cadres plus jeunes, moins de réflexes de caste. Pour attirer ces forces nouvelles, un « Prix de l'étudiant entrepreneur de l'économie sociale » a été créé par la Mutuelle des étudiants, l'Unef et l'Asfondes.

Le challenge : s'imposer dans le dialogue social

Il y a, malgré tout, beaucoup d'opacité de fonctionnement. L'économie sociale a tout intérêt à accroître transparence et instruments de contrôle. La confiance des individus comme des collectivités publiques est un élément prépondérant de son assise et de son développement comme acteur de la cohésion sociale.

Il est indispensable qu'un dialogue se développe entre les différents secteurs de l'économie. L'économie sociale est fréquemment considérée comme un schéma alternatif minoritaire, toléré, mais pas plus, par les acteurs capitalistes qui lui reprochent souvent de bénéficier de conditions particulières entraînant une distorsion de concurrence. En renforçant la cohésion entre ses différentes familles, l'économie sociale se donnera les moyens de participer activement à ce dialogue.

En renforçant la cohésion entre ses différentes familles, l'économie sociale se donnera les moyens de participer activement à ce dialogue. Cela d'autant mieux qu'elle occupe des secteurs très porteurs, comme les services à la personne, l'insertion par l'activité économique, qu'elle peut s'engager davantage, en prenant des initiatives, sur le champ des activités liées à l'environnement, voire même investir des secteurs émergents en leur apportant des solutions innovantes, ainsi qu'elle a pu le faire tout au long de son histoire, même si elle semble avoir marqué le pas à la fin de la décennie 90.

Il faut aussi que l'économie sociale ne reste pas uniquement perçue comme une réponse aux « situations de crise » et donc seulement comme une solution de réparation. Elle doit investir des secteurs à haute valeur ajoutée, car il n'y a pas de fatalité à ce que, sur ce champ souvent innovant, les porteurs de projets n'entreprennent que sous la forme capitaliste ! Ainsi, des initiatives de la nouvelle génération, pourraient se multiplier et être porteuses d'espoirs, à condition qu'elle les orchestre efficacement.

À l'heure des stock-options et des dividendes astronomiques versés aux patrons et aux actionnaires, la mutuelle d'assurance Macif choisit de communiquer sur ses propres valeurs : les profits reviennent directement au sociétaire, c'est-à-dire au client assuré, à travers des baisses de tarif. Un principe fondateur de l'économie sociale.

CONCLUSION

Les acteurs de l'économie sociale, encore marginalisés malgré leur rôle de cohésion sociale et leur poids dans l'économie, doivent trouver leur place et s'imposer dans le dialogue social. Aussi bien avec les instances gouvernementales, les représentations patronales et les syndicats de salariés, que dans le jeu politique en général. Leur pratique du terrain et leur goût de l'expérimentation en font des partenaires majeurs dans la lutte contre le chômage, la précarité, la pauvreté, la solidarité internationale. Une économie moderne, même mondialisée, a tout intérêt à se vivre plurielle. D'autant plus que la place unique qu'occupent les mutuelles de santé et d'assurances peut les mener à trouver des solutions innovantes aux problèmes de financement liés aux soins.

L'économie sociale est aussi un secteur riche de milliers d'organisations sur le terrain, qui apportent, pour la plupart, non seulement un lien avec les plus démunis, mais sont une force non négligeable de proposition et d'innovation ainsi qu'un potentiel à prendre en compte. Ces organisations sont aussi autant de démonstrations concrètes : faire de l'économie sans avoir le profit comme seul objectif n'est plus du domaine de l'utopie. C'est au contraire un langage qui peut aujourd'hui trouver de nombreux échos. Ancré dans l'économie de marché, le modèle de l'économie sociale est original. Il faut qu'il apprenne à utiliser ses forces. Entreprendre autrement est un message que les jeunes ont envie d'entendre. Encore faut-il qu'il se fasse connaître.

Glossaire

ASSOCIATION
Regroupement de personnes autour d'un objectif commun. L'association n'a pas de but lucratif et tous les bénéfices sont réinvestis. Son statut est défini par la loi de 1901. Toutes les associations ne sont pas des acteurs de l'économie sociale. En revanche, dans l'économie sociale et solidaire, les associations représentent les structures les plus nombreuses.

BANQUES COOPÉRATIVES
Encore appelées banques mutualistes, elles ont adopté le statut de coopératives au cours des dernières années. Les clients qui détiennent une part de leur capital ont aussi le statut d'associé.

COMMERCE ÉQUITABLE
Son but est de changer la nature de la relation commerciale entre producteurs et distributeurs et d'assurer aussi bien le développement commercial des produits que la pérennité des producteurs et de leur agriculture. Cet objectif est concentré en cinq engagements pour un commerce solidaire, direct, juste, transparent et qualitatif (ingrédients naturels et savoir-faire traditionnels valorisés).

COOPÉRATIVE
Groupement de personnes mettant des ressources en commun et mutualisant leurs efforts pour produire ou commercialiser des biens et des services. L'adhésion est libre et chacun participe au fonctionnement démocratique de la coopérative sur la base de « une personne, une voix ». Les excédents sont redistribués au prorata de la participation à l'activité. Il existe plusieurs sortes de coopératives.

COOPÉRATIVE D'ACTIVITÉ ET D'EMPLOI
Elle héberge des entrepreneurs en leur prêtant son statut juridique et mutualise les ressources entre eux (locaux, comptabilité, etc.).

COOPÉRATIVE D'ENTREPRISES
Des professionnels s'unissent pour produire et distribuer leurs biens (agriculteurs, artisans, marins, commerçants, transporteurs, etc.).

COOPÉRATIVE D'ÉPARGNE ET DE CRÉDIT
Elle rassemble des déposants, emprunteurs et utilisateurs de services bancaires aux revenus modestes.

COOPÉRATIVE D'HABITATION
Elle est destinée à aider des familles aux revenus modestes à se loger en construisant en commun leurs habitations puis en les gérant.

COOPÉRATIVE DE CONSOMMATEURS
Groupement de consommateurs mettant en commun leur puissance d'achat et devenant à la fois usagers et associés.

COOPÉRATIVE DE SALARIÉS
Ce sont les scop, sociétés coopératives ouvrières de production. Tous les associés salariés ont pris une part sociale du capital, mais celle-ci ne change pas de valeur. Une partie des bénéfices est affectée aux « réserves » pour financer des investissements, une autre peut être reversée sous forme de dividendes.

DÉVELOPPEMENT DURABLE
Entérinée au sommet de la Terre à Rio, en 1992, c'est l'idée qu'il faut assurer un développement équilibré de l'environnement économique, social et écologique et être solidaire avec les générations futures.

ÉCONOMIE SOCIALE
Elle rassemble des groupements de personnes (associations, coopératives, mutuelles) et non de capitaux. On y ajoute les fondations, qui réunissent des biens (et non des personnes) pour servir un objectif défini d'utilité publique.

ÉCONOMIE SOLIDAIRE
On l'a définie comme héritière de deux traditions : celle du mouvement ouvrier et celle de l'économie sociale. S'en revendiquent les associations, les entreprises adaptées aux personnes handicapées, celles qui se sont spécialisées dans l'éducation populaire, le recyclage, l'insertion par l'activité économique, le commerce équitable... L'économie solidaire se préoccupe des plus démunis et des exclus et leur offre des services.

ENTREPRENEURIAT SOCIAL
Attitude des entrepreneurs qui adhèrent aux valeurs de l'économie sociale mais sans toujours adopter ses statuts. Ils cherchent à modifier une situation sociale avec une réponse innovante, comme le développement du microcrédit ou du commerce équitable.

FONDATION

Établissement créé par la volonté de personnes physiques ou morales qui veulent affecter des biens à la réalisation d'une œuvre d'intérêt général à but non lucratif. Une fondation peut être reconnue d'utilité publique par le gouvernement ou exister simplement grâce à une autorisation préfectorale. Certaines entreprises ont mis en place leur propre fondation. Les domaines sont extrêmement variés : santé publique, éducation, technologie, sports, culture, etc.

MUTUELLES

Fondées, à l'instar des assurances, pour couvrir les risques de la vie (santé, vol, accident, automobile), les mutuelles se distinguent des premières en partageant le risque entre leurs adhérents, de façon solidaire. Elles sont à but non lucratif, les excédents étant investis au profit des adhérents, et elles sont gérées de façon démocratique. On distingue deux types de mutuelles : les mutuelles d'assurances et les mutuelles de santé.

MUTUELLES D'ASSURANCES

Elles couvrent les risques des particuliers (automobile, habitation, prévoyance..) mais aussi des professionnels. Elles sont régies par le Code des assurances. Contrairement aux assureurs traditionnels, elles ne rémunèrent pas de courtiers ni d'agents.

MUTUELLES DE SANTÉ

Elles couvrent les personnes en cas de maladie ou d'accident. Elles sont régies par le Code de la mutualité. La plus importante en France est la Mutuelle générale de l'éducation nationale (MGEN).

SCIC

La société coopérative d'intérêt collectif est un statut récent qui permet d'associer autour d'un même projet des partenaires publics et privés ainsi que des usagers. Elle a pour objectif la production de biens et de services d'intérêt collectif qui présentent un caractère d'utilité sociale. Elle peut être soutenue financièrement par une collectivité publique.

SCOP

Les sociétés coopératives ouvrières de production sont des coopératives de salariés. Chacune organise son statut d'associé, qui peut être offert au bout d'un an ou deux à un salarié. Les salariés participent aux bénéfices et à la gestion démocratique de l'entreprise.

TIERS SECTEUR

C'est une autre façon de parler de l'économie sociale. On la dénomme ainsi pour la distinguer des entreprises capitalistes et du secteur public. Dans les pays anglo-saxons, le terme fait référence aux organisations à but non lucratif.

Organismes et groupements

ACME : Association des assureurs coopératifs et mutualistes européens.
50, rue d'Arlon, B-100 Bruxelles. Tél. : 32 2 231 59 89.
www.acme-eu.org

ADIE : L'Association pour le droit à l'initiative économique a lancé le microcrédit en France.
4, boulevard Poissonnière, 75009 Paris.
Tél. : 01 56 03 59 00. www.adie.org

ASFONDES : L'Association des fondations de l'économie sociale a été créée en 2003. Elle participe au développement d'outils pour faciliter les actions d'intérêt général et les programmes solidaires des organismes de l'économie sociale. Elle est placée sous l'égide du Ceges.
38, rue de Ponthieu, 75008 Paris. www.ceges.org

AVISE : L'Agence de valorisation des initiatives socio-économiques vient en soutien aux initiatives entrepreneuriales dans le domaine économique qui ont une finalité sociale.
167, rue du Chevaleret, 75013 Paris.
Tél. : 01 53 25 02 25. www.avise.org

BOUTIQUES DE GESTION : Elles accueillent des porteurs de projet dans leur couveuse.
14, rue Delambre,15014 Paris.
www.boutiques-de-gestion.com

CEGES : Le Conseil des entreprises, employeurs et groupements de l'économie sociale représente, en quelque sorte, le «patronat» de l'économie sociale. Il est composé de diverses organisations nationales représentatives des différentes familles de l'économie sociale. Ce conseil fait du lobbying auprès des pouvoirs publics français et européens pour la reconnaissance de la spécificité des acteurs de l'économie sociale.
24, rue du Rocher, 75008 Paris. Tél. : 01 42 93 56 08.
www.ceges.org

CERISES : Centre européen de ressources sur les initiatives solidaires et les entreprises sociales.
Université Toulouse-Le Mirail.
5,allées Antonio Machado, 31058 Toulouse cedex 1.
Tél./Fax : 05 61 50 38 42. http://w3.univ-tlse2.fr

CIGALES : le Club d'investisseurs pour une gestion alternative et locale de l'épargne solidaire est une structure de capital-risque solidaire mobilisant l'épargne de ses membres au service de petites entreprises locales et collectives.
61, rue Victor-Hugo, 93500 Pantin. Tél. : 01 49 91 90 91.
www.cigales.asso.fr

CGSCOP : La Confédération générale des coopératives de production est le porte-parole du mouvement des sociétés coopératives de production.
37, rue Jean-Leclaire, 75017 Paris. www.scop.coop

CJDES : Le Centre des jeunes dirigeants et des acteurs de l'économie sociale est un lieu de réflexion et de projet, créé en 1985. Il a notamment mis au point un « bilan sociétal » qui permet d'évaluer une entreprise en fonction de son utilité sociale et de l'exercice de sa responsabilité sociale.
24, rue du Rocher, 75008 Paris. www.cjdes.org

CMCM : La Confédération de la coopération de la mutualité et du crédit maritimes est une association de marins pêcheurs.
24, rue du Rocher, 75008 Paris. Tél. : 01 53 42 47 90.
www.cmcm.org

COOP DE FRANCE : Elle représente la Fédération des coopératives agricoles.
49, avenue de la Grande-Armée, 75116 Paris.
Tél. : 01 44 17 57 00. www.coopdefrance.coop

COOPÉRER POUR ENTREPRENDRE : Elle rassemble les coopératives d'activité et d'emploi.
37, rue Jean-Leclaire, 75017 Partis.
www.coopérer.coop

CNEI : Conseil national des entreprises d'insertion.
18-20, rue Claude-Tillier, 75012 Paris.
Tél. : 01 53 27 34 80. www.cnei.org

CPCA : La Conférence permanente des coordinations associatives est le centre de la représentation politique du mouvement associatif français.
28, place Saint-Georges, 75009 Paris. cpca.asso.fr

CRES : Les chambres régionales de l'économie sociale sont installées dans chaque région française et regroupent les différentes mutuelles, coopératives, associations et fondations de l'économie sociale implantées. Elles font l'interface avec les pouvoirs publics et travaillent à la promotion de leurs activités :
www.cres-alsace.org ; www.crescentre.org ;
www.cress-fc.org ; www.cres-haute-normandie.org ;
www.cres-reunion.com ; www.creslr.org ;

www.creslimousin.org ; www.cres-lorraine.org ; www.cresnpdc.org ; www.crespaca.org ; www.economiesociale-pdl.org ; www.cres-pch.org ; www.cress-rhone-alpes.org.

ESFIN-IDES : L'Esfin est une holding dédiée au financement de l'économie sociale. L'Institut de développement de l'économie sociale (Ides) est sa filiale depuis 1990. Elle apporte des fonds propres aux acteurs de l'économie sociale.
10-12, rue des Trois-Fontanot,
92022 Nanterre Cedex. Tél. : 01 55 23 07 02.
www.esfin-ides.com

EURESA : Rassemblement européen d'assureurs d'économie sociale.
1, rue Vernier, 75017 Paris. www.euresa.org

FÉDÉRATION NATIONALE DE GROUPAMA : Issue de la mutualité agricole, cette organisation défend les intérêts du groupe.
8-10, rue d'Astorg, 75383 Paris cedex 08.
www.groupama.com

FFGA : La Fédération française des coopératives et groupements d'artisans représente le mouvement coopératif artisanal.
53, rue des Trois-Fontanot 92024 Nanterre cedex.
www.ffcga.coop

FINANSOL : Association qui représente le secteur des finances solidaires dont il réunit aujourd'hui la plupart des acteurs.
133, rue Saint-Maur, 75011 Paris.
Tél. : 01 53 36 80 60 www. finansol.org

FNMF : La Fédération nationale de la mutualité française représente les mutuelles de santé sans intermédiaires.
255, rue de Vaugirard, 75719 Paris cedex 15.
www.fnmf.fr

FONDA : Espace de réflexion pour les acteurs de la vie associative. Cette association veut promouvoir, en toute indépendance politique et idéologique, la vie associative et son rôle dans une société démocratique.
18, rue de Varenne, 75007 Paris.
www.fonda.asso.fr

FRANCE ACTIVE : Association qui gère plus de trente fonds territoriaux, proposant des garanties bancaires et des fonds propres aux associations, aux sociétés ayant une activité commerciale ainsi qu'aux porteurs de projet individuel à but solidaire.
37, rue Bergère, 75009 Paris. Tél. : 01 53 24 26 26.
www.franceactive.org

GEMA : Le Groupement des entreprises mutuelles d'assurances défend les intérêts des assureurs mutualistes. Il rassemble les mutuelles d'assurances régies par le Code des assurances.
9, rue de Saint-Pétersbourg, 75008 Paris.
Tél. : 01 53 04 16 00. www.gema.fr

GNC : Le Groupement national de la coopération rassemble les grandes familles du mouvement coopératif.
24, rue du Rocher, 75008 Paris. Tél. : 01 42 93 59 59.
www.entreprises.coop

MUTUALITÉ FRANÇAISE : Fédération qui rassemble la quasi totalité des mutuelles de santé de France. Voir FNMF.

RESSOURCES SOLIDAIRES : Agence d'emplois et d'information de l'économie sociale.
www.ressources-solidaires.org

UNA (ANCIENNEMENT UNASSAD) : L'Union nationale de l'aide, des soins et des services aux domiciles a des représentations dans toutes les régions. Les adresses utiles sont référencées sur le site suivant :
www.una.fr

UNAT : L'Union nationale des associations de tourisme représente les intérêts du tourisme associatif.
7, rue Pérignon, 75015 Paris. Tél. : 01 47 83 21 73.
www.unat.asso.fr

UNIFED : L'Union des fédérations et syndicats nationaux d'employeurs sans but lucratif du secteur sanitaire, médico-social et social est la branche professionnelle du secteur.
10, rue de Richelieu, 75001 Paris.
Tél. : 01 40 15 09 59. www.unifed.fr

USGERES : L'Union de syndicats et groupements d'employeurs représentatifs dans l'économie sociale est le syndicat des employeurs de l'économie sociale.
4, place Félix-Éboué, Centre Daumesnil,
75583 Paris Cedex 12. Tél. : 01 43 41 71 72.
www.usgeres.fr

Filières et formations

BTS

Il existe un BTS « Économie sociale et familiale » qui forme des travailleurs sociaux venant en aide aux personnes en difficulté. Il peut être une étape vers le diplôme de conseiller en économie sociale et familiale.

Formations universitaires (source Cresl)

Aix – Marseille : Master 2 « Économie sociale : management de projet et des compétences ».
Université de la Méditerranée. Faculté de Sciences économiques et de Gestion, 13000 Marseille.
Tél. : 04 91 13 96 20. www.univmed.fr/formations

Angers : Master « Gestion des entreprises de l'économie sociale ».
Université catholique d'Angers, Ifrade, 49000 Angers. Tél. : 02 41 81 65 43. Fax : 02 41 81 65 81.
http://ifrade.uco.fr/dess.php

Bordeaux : Diplôme universitaire « Gestionnaire de l'économie sociale et solidaire » (exclusivement en formation continue).
Inforec IUT, Domaine universitaire, 33175 Gradignan. Tél. : 05 57 12 21 21. www.inforec.org

Brest : Master 2 « Droit-Administration-Économie-Gestion », mention « Administration des Entreprises », option « Management des entreprises mutualistes et coopératives ».
Institut d'administration des entreprises de Bretagne occidentale, 29000 Brest. Tél. : 02 98 01 60 34.
www.univ-brest.fr

Châteauroux : Licence professionnelle « Management des organisations du tiers secteur – Économie solidaire ».
IUT de l'Indre, 36000 Châteauroux. Tél. : 02 54 08 25 69. Fax : 02 54 07 78 00. www.univ-orleans.fr/iut-indre

Clermont-Ferrand : Licence professionnelle « Gestion des entreprises de l'économie sociale et solidaire ».
Diplôme universitaire « Gestion des entreprises de l'économie sociale et solidaire ».
Faculté de Sciences économiques et de Gestion, 63000 Clermont-Ferrand. Tél. : 04 73 17 77 65.
Fax : 04 73 17 77 71. www.ecogestion.u-clermont1.fr

Grenoble : Master « Politique publique et changement social », spécialité « Développement et expertise de l'économie sociale ».
Institut d'études politiques de Grenoble, 38000 Grenoble. Tél. : 04 76 82 61 16. Fax : 04 76 82 60 31.
www.upmf-grenoble.fr

La Réunion : Licence professionnelle « Management des organisations de l'économie sociale et solidaire ».
Institut régional du travail social, 97470 Saint-Benoît. Tél. : 02 62 92 97 77. www.irtsreunion.fr

Le Mans : Licence 3, Master 1 et Master 2 « Management et gestion de l'entreprise de l'économie sociale ».
IUP Charles-Gide, UFR Droit et Sciences économiques, 72000 Le Mans Cedex 9.
Tél. : 02 43 83 31 26/02 43 83 37 91. www.management-iup-ecosociale.org

Lyon : Master 2 « Économie de l'emploi et des ressources humaines ».
Université Lumière-Lyon 2, faculté de Sciences économiques et de Gestion, 69000 Lyon. Tél. : 04 78 77 24 46.
http://sceco-nte.univ-lyon2.fr/masteress

Marne-La-Vallée : Licence professionnelle « Management des organisations de l'économie sociale ». Master 2 « Gestion des entreprises d'insertion ».
Université de Marne-La-Vallée, 77454 Marne-La-Vallée.
Licence. Tél. : 01 60 95 70 74. Fax 01 60 95 70 77. www.univ-mlv.fr
Master 2. Tél. 01 49 32 90 02. Fax 01 49 32 91 30. www.univ-mlv.fr

Metz : Master 2 « Droit », spécialité « Administration de l'économie sociale ».
Université Paul-Verlaine, 57000 Metz. Tél. : 03 87 31 57 04. Fax 03 87 31 50 09. www.univ-metz.fr

Nancy : Master 2 « Métiers de l'insertion par l'activité économique ».
Université Nancy 2/Administration économique et sociale, 54000 Nancy. Tél. : 03 83 19 27 43.
www.univ-nancy2.fr

Paris
Master 2 « Management des associations » (exclusivement en formation continue).
Institut d'administration des entreprises de Paris, 21, rue Broca, 75005 Paris. Tél. : 01 53 55 27 42.
http://iae.univ-paris1.fr/fr/formations

Université Paris 8
DESU (niveau bac + 4) « Conseiller en création d'entreprises ». DFSSU (niveau bac + 5) « Direction d'activités de conseil en création d'entreprises ».
UFR Langage Informatique technologique, 93526 Saint-Denis. Tél. : 01 49 40 65 59 (secrétariat DESU et DFSSU). www.univ-paris8.fr

Poitiers : Master 2 « Droit », spécialité « Développement de l'économie sociale et solidaire ».
Faculté de Droit et des Sciences sociales, 86000 Poitiers. Tél. : 05 49 45 31 20. Fax 05 49 45 40 37.
http://droit.univ-poitiers.fr

Reims : Diplôme administratif de gestion des entreprises de l'économie sociale (exclusivement en formation continue). Licence professionnelle « Management des organisations », spécialité « Administration et gestion des entreprises de l'économie sociale ».
Université de Reims Champagne-Ardenne, faculté de Sciences économiques et Gestion, 51000 Reims.
Tél. : 03 26 91 38 42. www.univ-reims.fr

Rennes : Master 2 « Administration des territoires et des entreprises », spécialité « Management des organisations de l'économie sociale et solidaire ».
UFR Sciences sociales, 35000 Rennes. Tél. : 02 99 14 18 17. www.uhb.fr

Toulouse : Master « Économie sociale, Innovation, Développement local ». Composé d'un Master 1, d'un master 2 professionnel et d'un master 2 recherche.
Université de Toulouse 2. Département Sciences économiques et Gestion, 31000 Toulouse.
Tél. : 05 61 50 41 79. www.univ-tlse2.fr

Valenciennes : Master 2 « Développement local et Économie solidaire ».
Faculté de Droit, d'Économie et de Gestion, 59000 Valenciennes. Tél. : 03 27 51 77 20 fax : 03 27 51 77 21.
www.univ-valenciennes.fr/www.univ-valenciennes.fr/reseau21

Grandes Écoles de commerce

Essec
L'Essec a lancé, en janvier 2003, une chaire d'entrepreneuriat social qui est un pôle d'enseignement et de recherche appliquée.
95000 Cergy-Pontoise. Tél. : 01 34 43 32 05. Fax 01 34 43 32 10. www.essec-entrep-social.com

HEC
La Majeure Management Alter, créée en 2006, est une spécialisation de fin d'études.
75017 Paris. Tél. : 01 44 09 34 00. Fax 01 44 09 34 99. www.hec.fr

Bibliographie

BIDET ÉRIC, « L'Économie sociale : un secteur d'avenir ? », *Problèmes politiques et sociaux* n° 798, Paris, La Documentation française,1998 ; *L'Économie sociale*, Paris, Le Monde Éditions, 1997.

CHAUMET MICHEL, *Maif, l'histoire d'un défi*, Paris, Le Cherche Midi, 1998.

CHOMEL ANDRÉ et ALIX NICOLE (dir.), *Pour une économie sociale sans rivages. Jacques Moreau (1927-2004), Hommage*, Paris, Éditions L'Harmattan, coll. Les Cahiers de l'économie sociale, 2005.

CHOPART JEAN-NOËL, NEYRET GUY, RAULT DANIEL, *Les Dynamiques de l'économie sociale et solidaire*, Paris, Éditions de la Découverte, 2006.

JEANTET THIERRY, *Économie sociale, la solidarité au défi de l'efficacité*, Paris, La Documentation française, 2006 ; *L'Économie sociale européenne ou la tentation de la démocratie en toutes choses*, Paris, Ciem Édition, 2001 ; *L'Économie sociale en action. Faits, enjeux, options* ; rapport au comité consultatif de l'économie sociale, 28 février 1995, Paris, Ciem Édition, 1995.

L'Économie sociale à portée de main, Les guides pratiques Animafac, Fondation Macif, 2004.

« L'économie sociale de A à Z », *Alternatives économiques*, hors-série pratique n° 22, janvier 2006.

« L'utilité sociale. L'économie au service de tous », *Alternatives économiques*, hors-série pratique n° 11, septembre 2003.

Presse

Alternatives économiques : Le groupe édite un mensuel et des hors-séries.
28, rue du Sentier, 75002 Paris. www.alternatives-economiques.fr

La Lettre de l'économie sociale est un hebdomadaire d'informations mutualistes, coopératives et associatives.
57, rue de Châteaudun, 75009 Paris. http://economiesociale.free.fr

Recma : Revue des études coopératives, mutualistes et associatives.
24, rue du Rocher, 75008 Paris. www.recma.org

Tess : Le magazine des acteurs de l'économie sociale et solidaire, réseau territorial.
BP 215, 38506 Voiron Cedex. www.territorial.fr/49-tess.htm
(Parution arrêtée fin 2006.)

Remerciements

Pour m'avoir guidée dans la découverte de l'économie sociale, un grand merci à Alain Philippe, président de la Fondation Macif, Jérôme Faure, délégué adjoint de la Délégation interministérielle à l'innovation, à l'expérimentation sociale et à l'économie sociale, Hugues Sibille, directeur délégué, adjoint du président du groupe Crédit coopératif, Gérard Leseul, président du Centre des jeunes dirigeants de l'économie sociale, Thierry Jeantet, directeur général d'Euresa, Marie-Hélène Gillig, déléguée générale du Ceges, Philippe Vasseur, président du Crédit mutuel Nord Europe, Jean-Philippe Poulnot, du groupe Chèque Déjeuner, ainsi qu'à tous ceux qui m'ont ouvert leur porte à l'occasion de la rédaction de cet ouvrage.

Crédits

Collection MONDE D'AUJOURD'HUI

Largement illustrés par des photographies, des cartes, des graphiques en couleur et structurés autour de doubles pages thématiques, ces livres-albums mettent en scène les fondamentaux d'une question, d'un milieu mal connus des jeunes, des lycéens en particulier, et souvent même des adultes.

96 p. – 15€

80 p. – 15€

80 p. – 15€

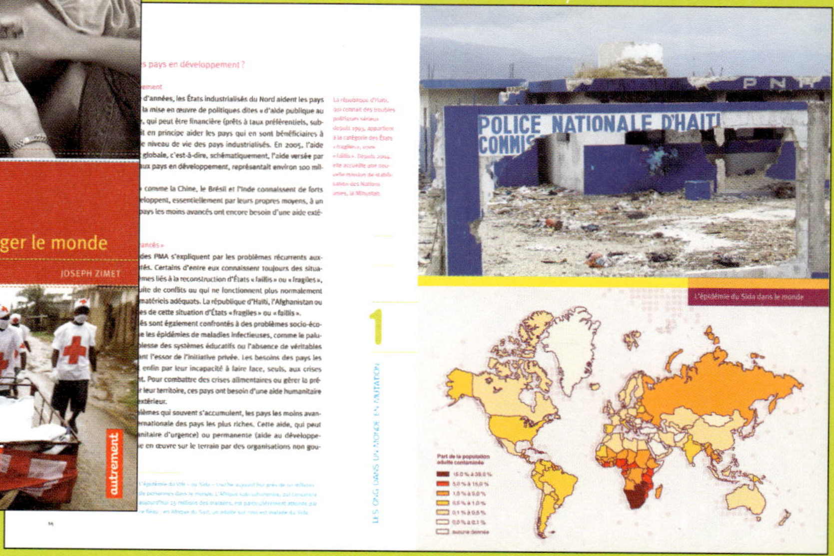